分断を生むエジソン

北野唯我

講談社

――令和ＸＸ年――

その冬、歴史的な大寒波が
街を襲っていた
道ゆく人々は分厚いコートの下に
何重にも服を着込み、
積雪の上を歩いていた

その中に一人
〝名の知れた人物〟がいた
しかし、彼女の顔はさえない
なぜだろうか？

街ゆく人々は
彼女の存在に気づくと
どこか気まずそうな顔をした

人はみな、
人生最大の岐路に立つとき
自らがもつ宿命に問いかけられる

あなたが
復活を遂げるドライバーは
なにか、と

この本は
ある女性起業家が
復活を遂げるまでの
一年の軌跡を追った、
「働く人への物語」である

なぜリーダーは2度生まれるのか、
ビジネスにおける「ペイン型」と
「ゲイン型」の違い
自分の中に「発明家」「投資家」
「戦略家」を飼うべき理由——

それらの謎を
解き明かす
一冊

分断を生む

エジソン

復活のプロローグ

「他の選択肢も考えました。でも、私には他にしたいこともできることもありません」

彼女の目をのぞき込んだ。

僅かに黒目が揺れた。

「すみません」

彼女はそう言うと、視線をそらした。起業家として生きることを決めたときから、心の掟を決めた。それが、絶対に泣かない、だった。

起業家としてのプライドが、涙を吸い込んだ。

その表現が適切であっただろうか。

白石は言った。

「では、もうあの会社には戻らないのかね？」

「はい」

白石は、少し残念そうな顔をした。

「本当にすみません」

彼女はそう言うと頭を下げた。白石は「謝る必要はない」と言い、続けた。

「私にとって投資なんてものは、もはや趣味みたいなものだ。天才が見る世界を垣間見たい。それだけの娯楽だからね」

白石は62度の淹れたての、コーヒーを飲み込んだ。

彼女にとって白石は、初めての投資家だった。全く無名だった彼女を見出し、最初に出資した男。

白石徹《しらいしとおる》。

一部上場企業の創業者で、いまは現役を退き、軽井沢に住んでいる。


「それでこれからどうするのかね?」

「私はバトンを落としました。テクノロジーによって人類の境界線をなくす、そのミッションを私が果たすはずでした。でも私は経営に失敗し、キックアウトされました」

「たしかに。君はいま、日本で一番有名な失業者だ」

「あの会社に、私が戻る場所はありません。だから、もう、あの会社を経営することはできません」

「自分で作った会社から、片道切符を食らう。自分が愛した仕事から、不要だという烙印を押される。その気持ちは、経験したものにしかわからない苦しみがある」

そう言うと白石は笑った。

「まぁ、飲みなさい」

事実、彼女の退任劇は連日メディアで報道され、日本で一番有名な「社長退任劇」となっていた。

「私も一度は諦めました。私は社会の誰からも求められていないのではないか？　自分が背負ってきたもの、意味があると信じてきたものは全て幻想だったのではないか？　そうも思いました」

白石はアンナの目を見ていた。女の名は、上納《じょうのう》アンナという。美しい顔立ちに、白い肌。それでいて黒い瞳はミステリアスな印象を醸し出し、見るものを惹きつける魅力があった。彼女は続けた。

「1ヵ月何もせず、ただただ、時を過ごしました。何年も興味がなかった結婚についても考えました。でも、その結果、気がつきました。やはり私は仕事を愛しているのです」

白石はカップを置いて、言った。

「それ以外のことは何一つ考えられなかった、か」

「そうです。だから、もう一度やり直したいのです。私には経営の才能はないかもしれない。でも、それでも、もう一度やり直したいのです」

不思議な空気が走った。

白石の顔が曇った。

「アンナ、だとしたらなぜ、私のもとを訪れた？　早くこんな場所から立ち去るべきではないか？　そんな暇があったら事業に集中するべきなのではないか。なぜだ、なぜ来た？」

「それは……」

「かつての君ならそうしていただろう」

アンナは振り返った。たしかに、そうだった。

かつての自分なら一秒でも早く事業に集中していただろう。

白石は続けた。


「なぜ訪れた？　なぜ、私のもとを訪れた？」

「すみません」

「なぜだ？　かつて君を信じ……いや、君を愛した私のもとを訪れたんだ」


ピリッ。空気が少しこわばった。

男というのは、しょうもない生き物だ。

女が忘れるような何年も、何年も前のことを覚えていたりする。白石もまた同じだったのだろうか。

「まぁ、いい。その話は……」

白石は咳《せ》き込んだ。あれはもう20年も過去の話。いまとなれば、懐かしい昔話に過ぎない。

若かったのだ。

「でも、本当にどうしてだ？　その意図はなんだ」

「正直、やり方がわからないのです」

「やり方が、わからない？」

「言葉にできない感覚があるのです。もう一度、起業し、やり直したい。心ではそう思っています。ですが……」

アンナは言葉を探していた。なぜ、自分はここに来たのか、ぼんやりとした答えしか持っていなかったのだ。

「趣旨がわからないな、端的に言うと何が懸念なのだ？」

「そうですね、なんというか、こう、予感に近いのですが、前と同じ方法で起業したとしてもまた同じ失敗が起きる。その恐怖があるのです」

「前と同じ方法。だから、私に教えを請いにきた。こういうことか」

「はい」

「随分勝手だな、相変わらず」

白石はそう言うと自嘲気味に笑った。その笑いは、経営者としての余裕と、少しだけ男としてのプライドが混じっていた。

「アンナ、私は君を心から尊敬しているし、応援したい。私は昔、君を愛した男である以前に、起業家として君を尊敬している」

「ありがとうございます」

「しかし」

「しかし？」

「いや、それでも無理だ」

「無理？」

「そうだ、私にできることはない。私が君のためにできることはない」

「なぜです、応援してくれると言ったはずです」

「これは別に君に復讐したいから言っているわけでも、嫌がらせでもない。あるいは、もう一度起業することの是非を問いたいからでもない。ただ私には君にできることなどないのだよ。私が経営していたのは、もう何十年も前のことだ」


白石が会社を経営していたのは、もう20年も前になる。

いまの2人の関係を表すと、白石は投資家。アンナは起業家。こうなるだろう。


「ですが、経営の原理原則は変わらないはずです」

「いや、いいか。私は一つ確信している」

白石は息を止めた。そして言った。

「ド、ラ、ッ、カ、ー、は、死、ん、だ、の、だ」

時が止まっただろうか。意味がわからなかった。ドラッカーといえば、世界で最も有名な経営思想家だ。〝マネジメント〟という言葉の生みの親と呼ばれる。だが、白石はそう言い放ったのだ。

「ドラッカーは死んだ？」

「そうだ、時代は明らかに変わった。会社と社員の関係は、かつてとは明らかに変わった。雇用の形は多様化された。昔のような上意下達の関係では、社員はついてきてくれなくなった」

「ですが、それでもあなたは成果を出された」

「違うんだよ、いや、正確には私もそう思っていた。だが、引退し、東京から離れ、ここに定住し、俯瞰《ふかん》して自分の会社人生を見直してみて、私は気づいた。私はた、ま、た、ま、運、が、良かっただけだった」

アンナは不思議だった。

誰もが知る、有名な経営者、白石。

その彼が、自分を卑下しているのだろうか？

いや、そんな風には見えない。白石が続ける。

「そして、かつての成功体験を引きずり、押し付ける老害になどなりたくないのだよ。だから、私は自分を卑下しているわけでもない。わかるかね？　ただし、一つだけできることがある」

アンナは彼を見た。

「君が会うべき人がいる」

「会うべき人？」

「そうだ、いまの君が会うべき人物が誰かを私は知っている。そして紹介できる。彼はいま東京にいる。私が知る限り最も聡明で、最も厳しい、経営コンサルタントだ。君も知っているかもしれない」

〝会うべき人〟。

「アンナ。君の弱点を私は知っている」


白石は言った。


「君は、人間の愛のために戦った。だが、その肝心な、人間についてまだ何も知らない」

「……私が〝人間を知らない〟?」

「そうだ。君はテクノロジーを信じ、アートを志した。だが、肝心な〝人間〟について知らないのだよ。それはなぜだかわかるか?」

「いえ」

「君は選ばれた人間だからだ。選ばれた人間、大いなる才能はその力を適切にコントロールされなければ、人を殺す凶器にもなる、その使い方を伝えるのは私ではない。彼なのだ」

「彼……?」

「そうだ」

「いったい誰なのです……?」

軽井沢からの帰りの新幹線

1時間後。軽井沢から東京への新幹線の中。

アンナは窓の外を見ていた。

「遠い昔のようだ」

そう思った。

アンナは20代で起業した。

画像認識と音声認識、2つの技術を軸に自らの手で「人類の境界線をなくすこと」、それを目指した。いわゆる、〝テクノロジーカンパニー〟だった。だが、その夢は儚く散った。ある日を境に、経営を渡さざるを得なくなった。

それは〝悔しい〟なんて表現では表しきれないほど、悩み抜いた苦渋の決断だった。起業家にとって会社とは自らの子どものようなものだ。それを手放す決断はなみたいていではない。

窓からスマートフォンに目を落とす。

一人の男の名前を調べる。Ｗｉｋｉｐｅｄｉａにはこう書かれていた。

〈日本で最も時給の高い、経営コンサルタント〉

コンサルタントか。

嫌な予感がした。

というのも、アンナはコンサルタントという職業が嫌いだった。何も知らないのに、理屈だけ語る。正直に言うと、バカにしている気持ちすらあった。

だが、あの白石が「君が会うべき人」とまで言う。

そこまで言わせる人間。

アンナは、スマートフォンを閉じた。そして白石の言葉を反芻した。

私はまだ『人間について、何も知らない』……。何か深い意味がある。それはわかる。

だが、真意は全くわからない。

不思議な感覚が心に広がった。

黒岩仁《くろいわひとし》、コンサルタントの名前だった。

……いったい、何者だろうか？

アンナと黒岩、初めての出会い

「いいでしょう。ただし、顧問料はX百万円だ」

黒岩仁。50歳。鍛え抜かれた体がスーツの上からでもよくわかる。彫りの深い顔で少し焼けた肌は、知性と野性、両方の印象を与える。

かつて天才起業家と言われた、上納アンナはその日、黒岩のオフィスを訪れていた。無論、アドバイスを受けるためだった。

相談料はX百万円。

高い。普通ならそう思うかもしれない。

だが経営者にとって、インスピレーションを得られる時間は金には代えがたいものであり、費やす金額を遥かに上回る価値をもたらすことがある。

なにより、だ。

アンナは黒岩の目を見た。強い生物同士は、共鳴しあうことがある。死線をくぐり抜けてきた人間だけがわかる、血の臭い。黒岩の目にはそれが宿っていた。

「わかりました」

アンナは即決した。0・1秒だった。

「支払い方法は？」

黒岩は「さすが、経営者」と答えた。アンナは答える。

「それで、もう一つの条件とは何ですか？　私のコンサルティングを受けてくださる条件です」

　黒岩は答える。

「シンプルな話だ。力は責任を伴う。何のために使うのか？　を約束していただく必要がある。それだけだ」

「何のために力を使うか？」

「いまから私が君に伝える理論は、世界でたった一つのものだ。世界の真理を詰め込んだものだ。だが、力は責任を伴う。だからこそ、これを世のために、後世のために使ってもらう必要がある」

「無論です、当然」

「よろしい、では契約成立だ。あなたは白石会長からこう言われたと言った。『君は人間を愛した。だが人間のことをまだ知らない』と」

「はい」

「では問いたい。アンナ氏よ、この質問から始めよう」

人間を熟知するとは、なにか。

アンナは戸惑った。なぜなら考えたことがない問いだったからだ。

「人間を熟知する……正直考えたこともありません。なぜなら」

アンナの目が黒岩を鋭く捉えた。

「人間を真に理解することなどできないからです。私は科学を信じてきました。ですから確信しています。人間を真に理解することなどできません、絶対に」

黒岩は想定通りという顔で答える。

「それは半分正しく、半分違う」

「なぜ？」

「結論から言おう、人間を熟知するとは、影響力の作用を理解すること。それに他ならない」

〝人間を熟知するとは、影響力の作用を理解すること〟？

黒岩は続けた。

「アンナ氏、君の言うように、人間そのものを理解することなどできない。自分のことですらそうなのだから、他人を理解するなどもってのほかだ。だが、影響力の作用は理解できる。君はなぜ、起業家になった？」
「私が起業家になった理由、ですか？」
「そうだ」
「私は、起業家になった記憶は一度もありません」

アンナはイライラしていた。まどろっこしいように感じたのだ。

黒岩は気にせず続ける。

「しかし、君は社会的には起業家と呼ばれている」
「いいえ、3度目は言いませんが、私はこれまで一度たりとも起業家になりたいと思ったことはない、ということです。ただ導かれるまま生きてきた。そうすると起業家と呼ばれるようになっただけです。あの、私には質問の意図がわかりませんが」

黒岩は悟った。なるほど、上納アンナの弱点はまさにいまこの瞬間に現れている。一つは「待つこと」だ。それはまさに「選ばれた人間の弱さ」だった。

「世の中には選ばれた人間がいる。君もそうだろう。君はたしかに特別だ。だからこそ、弱点がある。できないことがある。一つは『待つこと』だ」

「待つこと？」

「そうだ。いいか、経営には時として、ただ待つことだけが最良の一手になり得るときがある。戦略論はしばしば、何を選ぶか、何を捨てるかで決まると言われる」

「はい」

「だが、もっと、より大事なことは『ただ待つこと』を戦略オプションに入れられることだ。なぜだかわかるか？」

「いえ、わかりません」

「それは君の中に『投資家』と『戦略家』を飼うためだよ」

「投資家と戦略家？」

「そうだ、君はたしかに『起業家』であり『発明家』だ。しかし……」


黒岩は立ち上がり、続けた。

「投資家でも、戦略家でもない」

どういうことだろうか？

「いいか、この世のビジネスフィールドには3種類のメインプレーヤーがいる。いや、正確には〝優れた経営者〟は心の中に3つの人間を雇っている。

1・起業家（発明家）
2・投資家
3・戦略家

―――

彼らを分けるものは、何かわかるか？　それはな、『時間への寛容度』だよ」

時間への寛容度。聞いたことのないコンセプトだ、とアンナは思った。

「まず、これら3つは、職業としての側面もある。だが、本質的にはもっと根本的な人間の特性に基づいている。そして君は起業家であり、発明家ではあるが、たとえば、投資家ではない。

起業家と発明家というのは、同じグループに所属している。なぜなら彼らは時間に対して無限に不寛容だからだ。ゼロから何かを生み出すものは、言うなれば、この世のエネルギーの法則を無視して生きている。起業家とはたとえるなら、未来から現在へエネルギーを持ってくることが仕事だ。新たな価値を信じて、生み出すことが役割だ。だからこそ、時間というものに対して、独特の感覚を持つ。時間を無限に使えるからな。だが、投資家と、戦略家は違う」

アンナは話のコアがつかめずにいた。

黒岩は続ける。

「戦略家の役割は、行き着くところ、時を買うことだ。地点Aに到達するために知恵とリーダーシップを差し出すことだ。投資家もそうだ。投資家は知恵とリーダーシップの代わりに金を出す。つまり、両者はキャリアの途中で時を待つことを覚える。いや、待つことを覚えなければならない。そして時とは誰にとっても重要だ、と思われがちだが、その重要さや意味合いが全く異なる」

私が投資家や、戦略家ではない?

たしかに、それはそうかもしれない。

戦略の真髄はよくわからなかった。

しかし、いったいそれが何だというのだろうか。アンナはそう思った。

「投資の世界にはいくつもの格言がある。その一つは『投資したら、ほっとけ』だ。言い換えれば〝忘れろ〟だ。聞いたことがあるだろう?」

「はい」

「なぜ、新しいものを作る人間は、普通の人の時間感覚を理解できないか。それは、彼らがエネルギーの法則を無視して生きているからであり、だからこそ、時間の寛容度が極端に低く、他人の時間を無視してでも物事を前に進めることがある。わかりやすく言うと、人の時間を平気で奪うことがあるのだ」

「人の時間を奪う……？」

「そうだ、このアドバイスは、正直、普通の人にとっては何の価値もない。だが、君には価値がある。いいか、『ただ待つ』。その選択肢のカードを手札に入れよ」

「お言葉ですが、なぜ、待つことが大事なのでしょうか」

「それは生物は育つものだからだ。人は『育つ』のだ。わかるか。テクノロジーによって人は全てをコントロールできると錯覚する。だが、人は植物のようなものだ。育つには栄養と水。何よりも、『時間』が必要なのだ。それも膨大な。いいか、君の会社はたしかに素晴らしかった。事業は好調だった。しかし、何人もの不幸な離職者を生み出した。何よりも君自身が不幸な離職をした。違うか？」

「それは……そうかもしれません」

「ならば、間違いない。人々を幸せにできない経営者に価値はない。経済とは雇用だからな。それはまず君自身がそうだ。その意味で君は経営者として失敗したのだ。才能がなかったのだ。眩しすぎる光に人は憧れとともに恐怖を感じる。炎は遠いと勇気を灯すが近すぎると焼けてしまう。人間はもっと醜いものだ」

「ですが、私は彼らのために戦い、生きてきたつもりでした。しかし、その人に裏切られ、そして敗れた。ただそれでもやはり人を信じたいのです」


——〝信じるしか道を知らない〟。

アンナを形容するとそう表現するのがベストだっただろうか。人は、驚くほどに手のひらを返す。自らが最も世話をした人間もまた、自らの保身のために、非情なほどにナイフを向けてくることがある。それでもなお、彼女は思った。〝他に生きる道〟を知らないのだと。


その意思を見抜いたのか。黒岩はハッキリと言った。

「だとしたら、『影響力の地図』を持つことだ。人間を理解するために。それこそが君に必要なのだ」

「〝影響力の地図〟……？」

黒岩は立ち上がった。部屋の温度が上がっていくのがわかった。

地図の話

黒岩は続けた。

「旅に出るとき、人は『地図』を持つ。知らない土地に行くとき、壁の向こう側に向かうとき、我々は地図を頼りにする。ではいったい、地図の本質とは何かというと、広さと距離にある。『広さ』とは、そこがどれだけ大きいか、何人住んでいるかを指す。もう一つは『距離』であり、A地点から、B地点に移動する際にどれぐらい時間がかかるのか、表すものだ」

黒岩の言葉に力が入る。

「当たり前なことだ、と思ったかもしれない。しかし、ほとんどの人は『物理的な地図』のことは知っていても『認識の地図』のことは知らない。こちらに来てもらえるか」

そう言うと、黒岩は立ち上がり、扉を開いた。

ギシシシシシシ。

屋敷の扉が開く。その先には、巨大な螺旋階段があった。

いったい、この先に何があるのか？　別の世界に来たようだ。

2人は暗闇の階段を10メートルほど下り、地下室に入って行った。

中央には巨大なモニターがある。

高さ5メートル、横は10メートルあるだろうか？　特注の巨大スクリーンには衛星写真らしきものが映っている。

「グーグルマップですか」

アンナが問う。衛星写真、それはグーグルマップ、いや正確には、グーグルアースのように見えた。黒岩が答える。

「いや、これは我々が独自で持っている衛星からの写真なので少し違う。この写真、君は不思議だと思わないか？」

「不思議？」

「そうだ、地図とは本来、我々の世界には存在しない『絵』だ。私たちは普段『主観』でしか映像を見られない。たとえば、写真とは本来、主観的な『時間の切り取り』だ」

主観。それは、自分から見た視点。自分がどう感じたか？　だ。

「たとえば、地図のここに桜の木があるとする。その下に立って、散りゆく桜を見る、というのはあくまでそれを見ている本人の視点だ。つまり『主観』だ。一方で、地図のここに桜とそれを見ている男が存在する、というのは『客観』の世界だ」

アンナは考えた。たしかに、そう考えると不思議だ。

客観は第三者の視点だ。その意味で、この衛星写真の地図は明らかに「客観」である。鳥の視点から世界を俯瞰している。しかし、同時にそれを見ている自分もいる。

アンナは意図を理解した。

「つまり、地図の画像とは『主観と客観』が共存するものだと」

「そうだ。そして世界はいま、人類史上最大に『主観と客観』の距離が離れ始めたときなのだ」

主観と客観が離れ始めた時代。

「主観」と「客観」

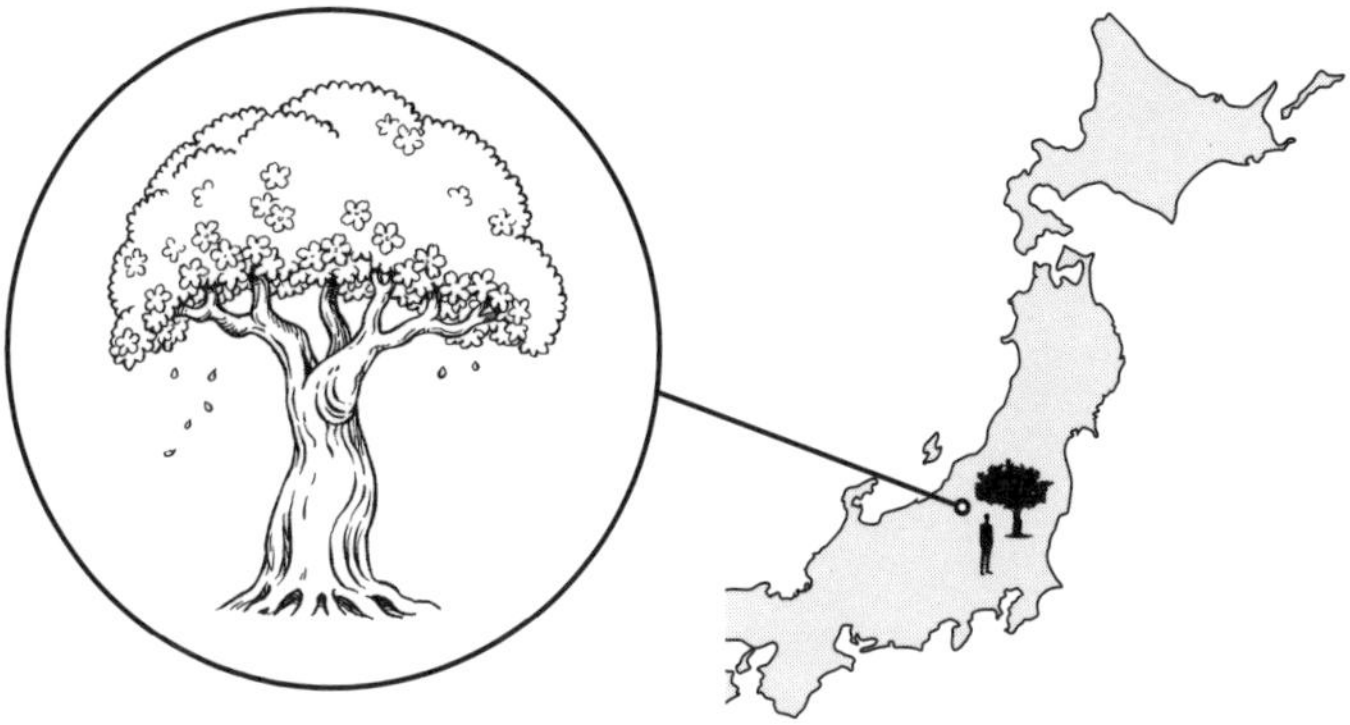

桜の木の下で
桜を見ている男の視点
＝その人固有の視点

桜の木とそれを見ている男が
存在する、という視点
＝全員が共有できる視点

どういう意味だろうか？

黒岩はニヤリと笑った。そして、「次第に意味がわかるだろう」と言い、立ち上がった。説明が始まる。

ポンッ。彼は右手を机の上に置いた。そして、左手をちょうど反対に置いた。黒岩の両手が並んでいる。両拳はきつく結ばれている。黒岩が言う。

「右手は、主観。
左手は、客観。

こういう風にたとえたとしよう。この2

つが離れていっているのが現代だ」

黒岩が両拳を、少しずつ離していく。

黒岩が続ける。

「人は自分が見たい世界だけで生きられるようになった。全員が見るメディアは衰え、人は見たい情報だけを選べるようになった。つまり、主観の時代が来ている。一方で世界はどんどん客観的な地図を整えている。行ったことがない国の地図や情報は誰でも手に入れられるようになったからな」

アンナは理解した。なるほど、それが〝主観と客観の距離が離れていく〟時代か。

「趣旨は理解しました。しかし、それは幸せなことですよね」

「というと？」

「私は思うのですが、幸せとは行き着くところ、主観への没入でしかないからです。私はかつて、テクノロジーを使って、年老いた自分や、小さい頃の自分と対話できるサービスを開発しました。それはどこまで行っても人の幸せとは『主観への没頭』だからです。むしろ、いま世の中に必要なのは地図ではなく、『なにかに没頭させる装置』ではないでしょうか」

アンナが続ける。

「結局、人は行き着くところ、主観の世界で生きていますし、そこにしか幸せはないでしょう? たとえば、ここに半分しかない世界地図があったとします」

アンナは右手を差し出す。

「私はいま、半分破れた地図を持っています。文字通り、世界の半分しか描かれていません」

左手を差し出すアンナ。

「一方で、こちらには完璧な地図。彩り豊かで、全ての国、全てのことが載っています。つまり、右手には半分破れた地図、左手には完璧な地図を持っていたとしましょう」

アンナは続ける。

「多くの人は、完璧な地図の方を欲しがるでしょう。なぜなら、完全だからです。しかし、私は思うのです。どちらの地図を選んだ人が、幸せになれるのか？　と。私は全く逆のように感じるのです」

黒岩とアンナ。2人が向き合い、両手は大理石で作られたテーブルの上に向かい合っている。黒岩は言う。

「つまり、君の見解では『半分の地図』を選んだ人の方が幸せになれると？」

「そうです。したがって私は常に完璧な地図ではなく、地図の半分を破り捨てさせ、スニーカーのまま飛び出させるサービスを作りたいと思ってきました。なぜならそれこそ幸せの源泉だからです」

黒岩は考えた。

たしかに、ゲーミフィケーション（ゲームの要素を現実世界に応用すること）によって世界に参加できるゲームなどはその典型だろうか。つまり、主観の世界へと人々を導くサービスこそ、幸せの源泉であると。一理ある。だが、黒岩もひかない。

「しかし、それで君は世界を変えられたのか？」

止まった。アンナが。アンナは答えられない。

「…………」

「どうだね」

「……いえ、正直、わかりません。いや、できませんでした。むしろ、私は小さい頃からこの命題を解くために生きてきたと思っていました。しかし、私は、その、敗北しました」


黒岩は思った。やはり彼女は根っからの「発明家」なのだ。

たとえるなら、強烈なエンジンだけ持って生まれて、そのまま旅に出かけた発明家。そしてたまたまそれは世の中のニーズにぶつかった。運良く、資本主義の社会で一度は成功した。


アンナと黒岩。

主観と客観。

幸せと正しさ。

これらは決して交わらないものなのか？

あるいは、この両者を両立させる「トリガー」が存在するのか。

アンナは答える。

「ですから、私には地図の価値がわかりません。いや、わかりませんでした。いえ、すみません……私はそう信じていました。しかし、それだけでは通用しなかった。私は自分の会社を去ったとき、むしろ自分の無力さを痛感しました。理想とする世界と、私が見えている世界の間にある、なにか〝とてつもない距離〟を感じたのも事実です」

黒岩は、白石から事前に聞いた話を思い出していた。白石はこう言った。

「アンナには黒岩が必要」

その理由をわずかに理解した。

「先程、あなたは『主観と客観』の距離が離れつつある、といまの時代を表現しました」

「そうだ」

「それは本当はどういう意味なのです？」


黒岩は答える。


「主観は強い。いや、むしろ主観しか強くない。正しいことは往々にして凡庸であり、付加価値はない。そう言っても過言ではない。そして『良いリーダー』は必ず、主観がある。君はいわば、良いリーダーだった。だが、『良いリーダー』ではあっても『偉大なリーダー』ではなかった」

「良いリーダーと偉大なリーダー？」

「そうだ、両者は違う」

「何が違うのです？」

「繋ぐものかどうか、だ。良いリーダーは良いビジネスパーソンだ。しかし、偉大なリーダーとは良いビジネスパーソンでもあり、同時にしたたかな政治家でもあるのだ。では両者を分けるものは何か」

黒岩の目がアンナを鋭く捉える。

「『繋ぐこと』にある。彼らは繋ぐものなのだ」

「繋ぐ……何をですか?」

「4つの国を、だ」

「4つの国……?」

東と西と中部と南部

「いま、世の中は〝4つの国〟で動いている。それらは、西の国、中部、東の国、南部と呼ばれる4つに分かれており、文化も価値観も異なる。そして、それは概ね、1:2:10:100の割合で存在している。もちろん、これらは全て『認識の世界』の話をしている」

「認識の世界……」

「君は言った。主観と客観、この2つが共存するのが地図。これは真実だ」

黒岩は、自らの拳を見つめた。

右手。左手。2つは閉じている。

「だが、問題はそこではない。もっと大事なのは……」

手のひらをひっくり返す黒岩。

拳がグーからパーに変わっていく。

「地図には2種類あるということだ」

モニターには、巨大な円が4つ、映し出された。

黒岩は続ける。

「世界はいま、新しい地図の形を求めている。インターネットの発達によって、物理的な地図はかつてほど意味を持たなくなった。かつて10時間かかった東京と大阪は1時間で繋がりつつある。ビットで表せる情報には距離という概念はなくなった。VRの世界は、3次元の立体の壁すらなくしつつある。しかし、問題はそれでもなお、分断が存在していることにある。

君がもしも『良いリーダー』として生きたいなら、この地図はいらない。しかし、君が『偉大なリーダー』になる道にいるなら、この地図は必ず必要になる」

黒岩は続けた。

「4つの国の話をする前に、前提を揃えておきたい」

「前提？」

「主観と客観の話は、一言で言うなら『世界は誰もが思っているよりも良くなっているし、実は、分断は大きくなっていない』ということだ。だが、実際、世の中には常に『分断論』が投げかけられる。格差は広がり、富めるものと貧しいものの間は広がっている、と。中世や20世紀などに比べれば世界は確実に良くなっているし、民主的になっているのに、まるで『いまが歴史上いちばん不平等』だと語る人たちがいる。不思議ではないか？」


世界はなぜ、「良くなっている」のに、「分断されている」ように見えるのだろうか？


「それこそがまさに主観と客観が離れているということ」

「そうだ、それは実存と認識が異なるからであり、そして認識は『役割によって』解釈されるからだ。人は、役割が同じ人たちを『自分たち』、役割が異なる人を『他の人たち』と区別する傾向にある。だから分断があるような気がしてしまう」

「人は役割によって、認識する？」

「そうだ、しかも、身近な5人の。有名な言説では、身近な5人の平均があなただ、というように、多くの幻想というのは『身近な5人の平均値』によって形成される。同様に『世界の認識は、身近な5人によって歪められる』のだ」

5人の法則。これは実際に、経営をしている立場にいるとしばしばぶつかる問題である。たとえば、人が「うちの会社は」「会社って」と言うとき、そのほとんどのケースは、実際には「自分の周りの5人」に起きていることだけで話していることが実に多い。言い換えれば、ほとんどの人にとって、世界はその程度の大きさでしかないのだ。

黒岩は言う。

「つまり、人が『影響力の地図』を持つべき理由は、これを超えるためだ。この身近な5人以外を理解すること、言うならば、6人目以降の世界を理解しようと努力することなのだ。そして偉大なリーダーの役割は、これらを繋ぐことなのだ」

人は、〝役割の違い〟で人を区別する……？　影響力の地図……？　アンナの顔が一瞬歪むのを黒岩はとらえていた。

同窓会のアナロジー

アンナは考えていた。

たしかに、実際、経営の場にいた身としては、これらの話はそれほど突飛には聞こえなかった。

まず、4つの国の話。これは、どの会社にも、必ず「役割の違い」で分断が生じることがある。新しいものを作る人、既存のビジネスを守る人、そして、管理する人や、ルールを定める人、最後に、目の前の業務やオペレーションに集中してもらう人。本来なら、それらは全て役割であり、等しく重要だ。しかし、分断が生まれることがある。アンナはそう感じていた。

アンナは黒岩を見た。

黒岩が続ける。

「同窓会に出たときの驚きを思い出すとわかりやすいが、我々は普段生きていると、『自分の世界の地図』だけで世界を理解しようとしている。たとえば、西の国に生きる人間は『西の国が全て』と思ってしまう。だが、それは違う。あるいは普段、東の国に生きている人間は『東のエリートが全てを決めている』と勘違いしている。だが、実際にはその何十倍も他の人たちがいる。そしてそれは役割の違いであり、上下ではない。

ただ、問題は私たちが気を抜くと、常に『5人』から世界を見てしまうことだ。だからこそ、偉大なリーダーは『影響力の地図』を手にする必要がある。そして、それは4つの国のルールを理解することだ」

黒岩は大きな絵を映し出した。

東の国
「経済」や「組織」を主義に置く
実利を好み、歴史を重んじる
アメリカでいうニューヨーク
10
「生活」や「家族」を主義に置く
共感できるもの、
実生活に紐づくものを好む
4つの国のなかで
圧倒的に人数が多い

影響力の地図＝世界は4つの国で成り立っている

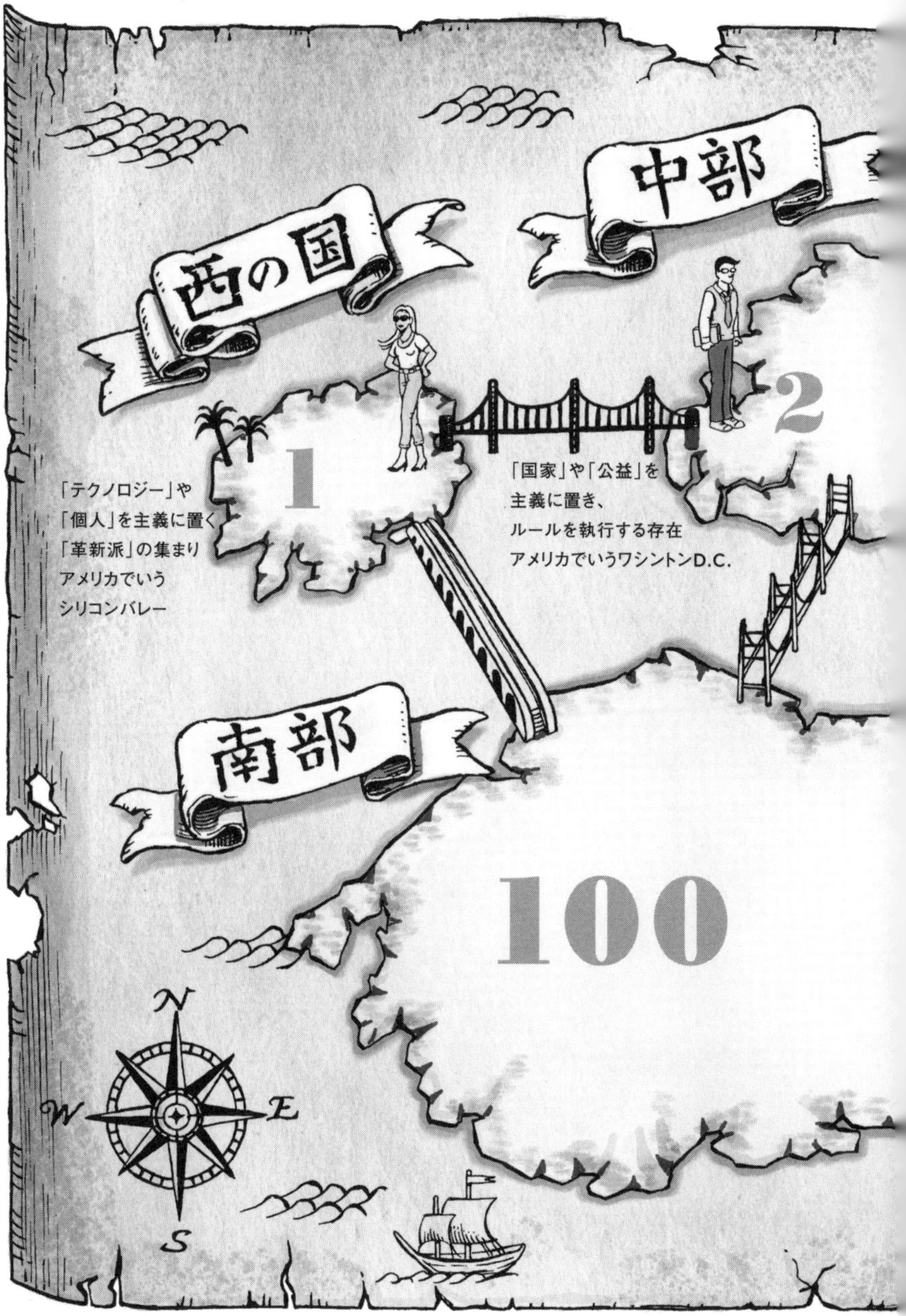

1：2：10：100＝影響力の時代の地図。

西の国：技術と変化。
中部　：法律と公益（全体利益）。
東の国：経営と雇用。
南部　：娯楽と生活。

「まず、西の国は『革新派』の集まりだ。アメリカでいうならば、シリコンバレーであり、『テクノロジー』や『個人』を主義に置く。彼らは常に、新しいものや、最先端なものを好む。ベンチャーや、スタートアップで働いていることが多いかもしれない。起業によって成功をしている人間も多いかもしれない。

そして西の国と往々にして対立する傾向にあるのが、東の国である。彼らはアメリカでいうなら、ニューヨークであり、金融街だ。『経済』や『組織』を主義に置く。実利を好み、歴史あるものを好む。上場企業や、伝統ある大企業で勤めていることが多いかもしれない。

そして、この西の国と、東の国はイデオロギーの違いによって対立することがある。西の国は先進的であり、いまの既存システムを変えようと望む。未来のウィナー（勝者）になることを望む。一方で東の国はやや保守的であり、伝統を持つ。ゆえに、西の国がいまのシステムを変えようとするとき、敵に見えることが多い。

加えて、両者間は『ドライバー』と『ＫＰＩ』が違う。ドライバーとは、何を得意とするのか。ＫＰＩとは、何を最適化させようと動くのか。これらを表している」

西の国：ドライバー＝技術、ＫＰＩ＝変化量。
東の国：ドライバー＝経営、ＫＰＩ＝雇用量（質と量）。

「したがって、両者はバチバチとぶつかることがある。

だが、本来、これは、どちらが良い、どちらが悪いということではない。ただの役割の違いにある。なぜなら、未来を作る西の国ですら、いまの経済を作ってきた東の国によって支えられているし、あるいは、東の国ですら未来の社会保障は西の国にかかっている部分が大きいからだ。本当は分断される必要はない。支え合うことができる。

これが西と東だ。だが、これだけではもちろんない。

その間、やや中立的な立場として存在しているのは中部と呼ばれる存在である。アメリカでたとえるなら、ワシントンD.C.だ。彼らは法律を作る側であり、ルールを執行する存在だ。『国家』や『公益』を主義に置き、東と西の狭間で、全体をとりもとうとする。中部の人々は、社会的な価値があるもの、または、中央集権的なものを好む。公務員や、ソーシャルセクターで働く人に多いかもしれない。あるいは、士業として働いていることも多い。

4つの国の力学

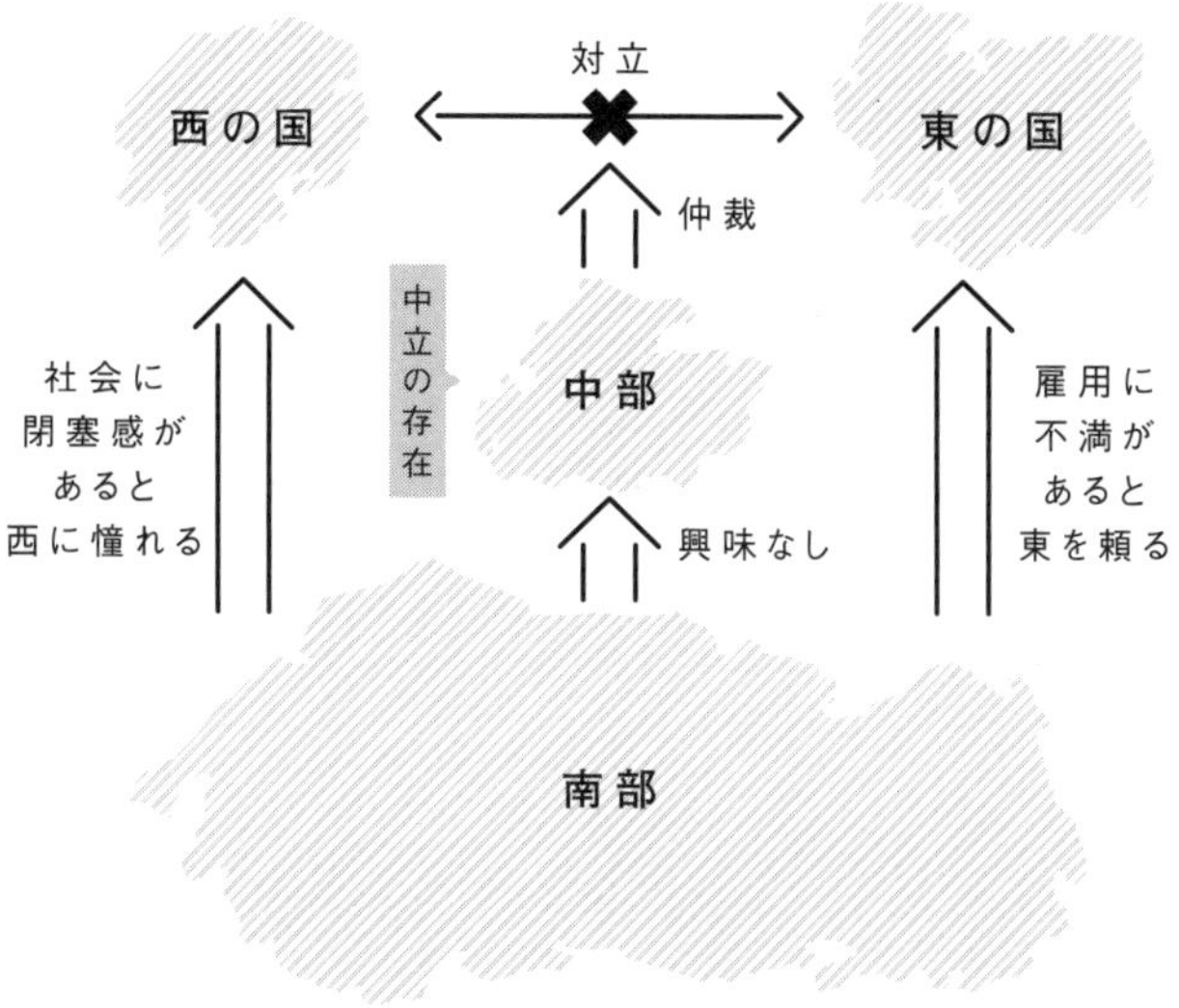

中部の人は、常に、4つのバランスを見ようとする。新しいものと、古いもの、そして、社会的な保障。全てを見ながら、全体最適を考える立場にある。

最後に、南部と呼ばれる存在である。彼らは『生活』や『家族』を主義に置く。もっとも数が多い。共感できるもの、実生活に紐づくものを好む。つまり、彼らは生活の満足・不満足を軸に動く。雇用が不満なら、東海岸、つまり、経済が強く歴史あるものが『良い』と認めたものを、『良い』と判断する傾向にある。反対に、閉塞感が漂う社会なら、変化を求める西の国に従う。そして、中部のことは『自分に関係ない世界』と思っているので、関心がない。

つまり4つの国には力学があるわけだ（前ページ図）。

人間を理解するとは『影響力の作用』を理解することだ。そして、優れた理論は常に、マトリョーシカのようなものだ。どこでどう切り取っても、『多くのこと』を説明できる。

言い換えれば、どの会社にも『新しいものを作る人たち』と『いまの事業を守る人たち』がいるように、東の国・西の国・中部・南部はどこにでも共存している。なぜなら、この4つとは、一つの有機体が安定して生き続けるために必要な役割そのものだからだ。

もう一つ大事なのは、これらには『最適なバランス』が存在するということだ。良いリーダーと偉大なリーダーの違いとは、そのバランスを理解しながら、4者を繋ぐことができるか？　という点にある」

「4者を繫ぐ……?」

繫ぐものと分断するもの

アンナは初めて聞く話に戸惑っていた。

「4者を繫ぐもの？　それはどういう意味です?」

「君はたしかに、優れたリーダーだった。だが、君が成し遂げたかった世界、『境界線をなくすこと』は未達に終わった。その理由は、君にはその肝心な『境界線』が実は見えていなかったからなのだよ」

「私には境界線が見えていなかった?」

「そうだ、それが『地図』に載っているもの。つまり、大きさと、関係性だよ。それが、1：2：10：100の法則の本質だ」

人口規模3000万人超の世界であれば、
西の国：30万人、先進的・反体制、シリコンバレー
中部　：60万人、全体最適・体制側、ワシントンD.C.
東の国：3000万人、保守的・体制側、ニューヨーク
南部　：3000万人、保守的・中立、それ以外

黒岩が言う。

「言うならば、パワーバランスだ。

往々にして、東の国に生きる人は『経済』を軸にしてものごとを語る。たとえば、『GDPを上げること』『生産性を上げること』を大事にする。だが、それは他の国に生きる人にとっては、生活の一部か、背景にあるものに過ぎない。そんなことをそもそも気にしているのは、全体の10%しかいないのだよ。

あるいは、西の国の人にとって重要なのは『個』であり、革新的なことをやり続けるための『好奇心』や『テクノロジー』だ。だが、それは全体でいうと1%程度のごく限られた規模に過ぎない。

あるいは、中部の人にとって重要なのは『全体最適』であり、世界全体の利益であるが、『公益』なんてものは、ほとんどの人にとっては興味もないし、関係などないのだ。もっと重要なのは『自分の』『明日の飯』でしかないのだ。そして南部は、中部の50倍以上の規模がある。

つまり、重要なのは以下の2つなのだ。

1・『自分の世界が絶対ではないこと』を理解する
2・それは役割の違いでしかないと知る

そしてこの2つを知らないがゆえに、君は病にかかった」

「病?」

「ああ、それは資本主義が生み出した4つの大病。人々を苦しめる病。西の国で育った人間がかかる病、その名は天才の罪。別名〝分断を生むエジソン〟だ」

「分断を生むエジソン……?」

西の病:エジソンの罠

「ああ。影響力の地図には、象徴的な人物たちがいる。その中の一人が『分断を生むエジソン』だ」

黒岩は続ける。

「主観の世界が幸せを決める。君はそう言った」

「ええ」

「主観は気持ちがいい。それがゆえに、『地図』を持たずに4つの国で育ったものは、そこに過度に最適化され、巨大化していく。そして、彼らはいずれ病にかかり、罠に落ちる。その一つが〝分断を生み出すエジソン〟だ」

エジソン。彼は、発明王。間違いなく天才の一人だ。

なぜ、彼は罠に落ちるのか。黒岩が続ける。

「科学者はたくさんの技術を生み出してきた。そして、人々の生活を豊かにしてきた。一方で科学は思わぬ〝副産物〟を生む。凶器としてのダイナマイト、核兵器のような。それは経営も同じだ。急激に進化を遂げる西の国は拡大する中で、分断という副産物を生み出すことが多い。なぜか、わかるか？」

「いえ」

「それは〝変化量〟だけを見すぎるからだ、西の国は」

「変化量？」

「西の国にとって『好奇心』は全てのエンジンだ。そのためだけに、全てを捧げる人物すらいる。好奇心は人類が与えられた最も大事な才能の一つだ、だが、好奇心にはリスクもある」


アンナには溢れんばかりの好奇心があった。それは彼女のエンジンであった。

黒岩は続ける。

「好奇心は、等比級数なのだ。加速していく。1を知ったものは、10を知りたくなり、10を知ったものは、100を知りたくなる。100を知ったものは1000を知りたくなる。どんどんスピードを上げていった結果、それは生物と人間の格差を生む」

4人の病める王 ①

分断を生む エジソン

生息地 ― 西の国

特性 ― 発明王

病と罪 ― 好奇心にすべてを捧げて猛スピードで突き進むが、そのスピードに誰もついてこられず大きな分断を生む

もたらす災い ― 好奇心のしかばね

「生物と人間の格差を生む?」

「そうだ。そもそも、人類や生物には適切な『進化のスピード』がある。ダーウィンが言ったように、1000年、1万年かけて、ゆっくりと進化していく。だが、好奇心だけに生きる人間は違う。そうだな、たとえるなら、それは、好奇心の暴走とでも呼ぶのだろうか。皆が時速50キロで進む道路で、10倍速で進むスピードカーがいたら危なくてしかたがないだろう。

西の民は、好奇心に従い、旅に出る。その本来の目的は君が言ったように、〝分断をなくすために〟だ。だが、旅から帰って気づく。結果として生み出した好奇心のしかばねの上に積まれた〝もっと大きな分断〟に。それが『エジソンの罪』だ」

エジソンの罪……。それは天才の罪ということだろうか？


「エジソンは天才だ。だが、彼が頂点に立つ世界は、支配と紙一重。そしてそれをエジソン自身は気づくことができない。なぜなら、彼の周りの人間はこう言うからだ。君は天才だ。君は天才だ、と。持ち上げる。まさにかつての君もそうだっただろう？」


黒岩はアンナを見る。

アンナは自らの過去を振り返った。人々は、彼女のことをこう呼んだ。

〝天才起業家〟と。

黒岩は言った。

「大事なのは地図の本質を理解することなのだ。西の国は全体の1％しか領土がない。ほとんどの人は変化など求めていない。１ミリもな。いいか、アンナ。西の民以外にとって変化とは、仕方なく訪れるものなのだ」

東の病：バンカーたちは「絶望のキックオフ」を告げる

黒岩はコーヒーを飲み、天井を指さした。

「このオフィスからとてつもなく高いタワーが見える」

黒岩のオフィスからは、高層タワーが見える。通称、金融の塔と呼ばれている。

「それは鉄の塊だ。40階近くはあるだろう。私は思う。あの鉄の塊は、人が求めたから作られたのか？　鉄の塊があるから、人がそれを求めるのか？　と。私はある意味で、働くことも同じだと思っている」

黒岩が続ける。

「たとえば、10万人が働く企業は、もともとは何かやりたいことがあって生まれた。ミームがあった。だが、創業者が死に、何世代も経つと、企業もやがて老いる。そして、どこかでミームを失う。思想を失い始める。彼らはそのとき、過去の膨大な資産だけで生きていくことを目的にし始める。手段が目的化する」

アンナが言う。

「でも、それは悪いことではない」

「そうだ、厳密には、それだけなら悪いことではない。しかし、問題は『成長』という言葉にある」

「成長？」

「東は経済の国だ。成長を基本善とする。だが、全ての企業が過度に右肩上がりを求める

4人の病める王②

魂なきバンカー

生息地	東の国
特性	成長を追い求める
病と罪	「成長」という手段が目的化して思想を失うと、会社という幻想が実体以上の力を持ち、人の心を殺し始める
もたらす災い	絶望のキックオフ

と、事態が変わる。どうなるか？　鉄の塊が凶器に変わるのだ。意味のない成長を追い求め、思想を失った鉄の塊は化け物と化すのだ」

黒岩は続ける。

「会社とは幻想だ。一方で、人は実体だ。だが、会社という幻想は、実体以上の力を持ち始めると、人の心を殺すことを始める。むしろ成長のためには、それが善にすらなりえる。自らの保守のために作られた実体を殺す成長は、絶望だ。つまり、資本主義における、絶望のキックオフは東の国からスタートするのだ。

東の国の分断を生むもの。それは『魂なきバンカー』と呼ばれる人物だ」

中部の病：ピーターパンはいつ自滅するのか

「君の周りにこういう人はいないか？」

黒岩は言った。

「昔は世のためにという気持ちを持っていたが、諦めてしまった人」

アンナは考えた。若い頃、夢を語った仲間のうち、何人がいまもその夢を諦めていないだろうか？　それは決して多くはない。黒岩が続ける。

4人の病める王③

夢を忘れたピーターパン

- 生息地 ― 中部
- 特性 ― 理想を追い求める
- 病と罪 ― 正義は移ろいゆくものであり、それを追い続けることは過去の自分を否定することになり、仲間同士で殺し合う
- もたらす災い ― 正義の消失

「中部はたとえるなら、公のために戦う、ピーターパンのような存在だ。だが、ピーターパンはいずれ病にかかる。理想を追う人間が理想を追い続けることは難しい。なぜかわかるか?」

アンナが答える。

「理想と現実は違う。だからですか?」

「普通はそう思う。だが、真の理由は違う」

「では、何だと?」

「『正義の消失』だ。正義とは変わるものであり、それを真に追い続けることは、往々にして過去の自分を否定することになりうる。この難しさを中部の民は抱えている。中部に住む人は、エリートであることが多い。エリートとは、過去の努力の積み上げが大きい。加えて他の国より閉鎖的である分、独自の進化を遂げる。そしてどこかで、新たな正義との折り合いがつかなくなる」

「新たな正義……?」

「ああ」

「正義は変わる、と?」

「そうだ。正義は変わりゆくもので、移ろいゆく」

黒岩は続ける。

「一つの国の正義が、隣国の正義とぶつかる。こういうことはよくある。同じように、いまの正義は過去の正義とぶつかりうる。変化なき正義、変化なき公益など存在しない。つまりピーターパンを殺すのはかつてのピーターパンなのだ。時に起きる、政治家同士の足の引っ張り合い。国民を見ていない不毛な戦い。これを想像するとわかりやすいだろう。外界と触れることをやめた中部の人は、過去の自分、あるいは、仲間同士で殺し合うピーターパンと化するのだ」

中部に住む〝分断を生むもの〟。

「これが〝夢を忘れたピーターパン〟と呼ばれる人物だ」

南の病：スイミー
才能を殺すメカニズム

「最後は南部だ。君はスイミーの話を聞いたことがあるか？」

「スイミー？」

「そうだ」

「いえ」

「スイミーとは絵本の名前。魚の話だ。一匹一匹は小さくても、群れになることで、大きな魚に立ち向かうことができる。こういう話だ。立ち向かう大衆の群れというのは、美しい話だ。しかし、この話が美談になるには、一つの前提条件がある。それは敵が明らかに敵だとわかっているということだ」

「明らかな敵？」

黒岩は続ける。

「漫画や映画の世界では、敵は敵だと名乗ってくれる。事前にわかる。だが、現実世界は違う」

「……事前に誰が敵か仲間か、わからない。本当は」

「そうだ」

経済において、敵とはいったい誰なのか？

競合？　ライバル？　出世レースの相手？　それらは極めて相対的なものだ。

黒岩は続ける。

4人の病める王 ④

才能を殺す巨大なスイミー

生息地	南部
特性	集団行動
病と罪	群れで行動するがゆえに群れの外が見えず、思考停止に陥り、本来敵ではないものを殺してしまう
もたらす災い	天才を殺す凡人

「だが、スイミーにはそれを判断する術がない。だから、敵じゃないものを殺すことがある。仲間を殺してしまう。自覚なくな。私は数多くの企業を見てきた。だからこそ、わかる。スイミーである一人一人、一匹一匹は善良な市民だ。ただ、彼らは群れであるがゆえに群れの外が見えない。周りの人がどう動くか、どちらを向いているかで、自分の進む方向を決めてしまうのだ。彼らは孤独になるのが最も怖いからだ」

「つまり、思考停止」

「そこで『耳触りのいい話』が届いたら、彼らは飛びついてしまう。そして彼らは才

能を殺す巨大なスイミーになってしまう。それが4つめの罠。才能を殺す巨大なスイミー。別名は、

天才を殺す凡人という病だ」

5 人の繋ぐもの

「話を戻そう。

組織を作り、事業を作るもの、つまりリーダーはやがて4つの国で勢力を増し、巨大な力を持ち始めるようになる。それぞれの地でリーダーと呼ばれるようになった彼らは、国を越えようとして『国境』にぶつかる。

そのときリーダーはいずれかの道を選ぶ。一つは『繋ぐもの』になること。隣接する国

と手を組み、友好的に繫ぐのだ。その一方で『分断を生むもの』に回るものもいる。隣国との対立関係を煽り、自らの国の勢力を増そうとするものたちだ。そして『繫ぐもの』たちは、5人居る。

一人目：公益を知るエリート（東の国と中部を繫ぐもの）
最も大きな経済基盤を使い、経済的な利益を挙げ、ルールを作る側に回る人。その際にできる範囲で全体の調和をとる。

二人目：健全に怒る起業家（西の国と中部を繫ぐもの）
現状のサスティナビリティに疑いが表れたときに、リスクテイカーとなり発信し、そこに才能や能力を投下する。

三人目：パトロール騎士団長（中部と南部を繫ぐもの）
資本主義のルールでは守りきれない小さな安全や健康を守る人々。それを率いる地域のリーダー。

四人目：家族主義の教養人（東の国と南部を繋ぐもの）

外貨を稼いでそれを教育や、素養の充実に回し、国の民度や、経済の地場を安定させる。

五人目：トレンドを加速するインフルエンサー（西の国と南部を繋ぐもの）

新しいことが西の国から生まれたときに、一番最初に飛びつく人たち。それを広げる役割を持つ。

黒岩は言う。

「全てのエコシステム（生態系）は、有機的な繋がりによってできている。循環する血液のように、それぞれの場所を巡って進化していく。こうやって世界は調和を保ってできている。5人の繋ぐものたちはその調和をとっている。しかし」

5つの国境を「繋ぐもの」たち

「しかし？」

「光があれば、闇があるように、5人のリーダーたちと対峙するものがいる。彼らは融合を拒み、分断する側に回る。それが、4人の『分断を煽るもの』たちだ。つまりリーダーがそのどちらになるかは『影響力の地図』を理解するかどうか、そして何より君次第なのだ」

4つの罠

聞いたことがない話だった。

しかし、たしかに、ある場所で役割を与えられた人間は、どんどん成功していくことがある。彼らは勢力を加速度的に大きくしていく。それはサクセスストーリーであり、人々を魅了するパワーがある。だが、力を持った人間がそのパワーを適切な方向に使えるかどうか？　は常に別の問題となる。

巨大なパワーを持った人間は、そのパワーを誤った方向に使うことがあるからだ。

黒岩は言う。

「これは現代が生み出した『4つの病』だ。現代は、人が望めば、客観から離れ、主観の世界だけで生きていくことが可能になった。その結果、生み出されたのが、この力を悪用した『分断を煽るもの』なのだ。だからこそ、そうならないために我々は、影響力の地図を生み出したのだ。

時間だ。今日は終わりにしよう」

黒岩はそう言うと、立ち上がり、部屋の扉を開けた。

階段を上がりながら、黒岩は考えていた。

白石はかつて私にこう言った。ドラッカーは死んだ、と。それはどういう意味だったのか？　いずれ王となるものに、彼らが王となる前に認識の地図を渡し、4つの国に手を組ませること。それだったのか……？　と。

アンナの夜

その日の夜。ほとんど物のない無機質な部屋に、アンナが一人座っている。
大きく開けた空間に、丸テーブルがぽつりと置かれている。アンナは思い出していた。

大きな円。4つあった。

いったい、あの4つのカテゴリーとは何なのだろうか？
本当にどの世界でも成り立つものなのだろうか？

学校は、どうだろうか？

学校にも、「いまのルールを破ってしまうような新しいもの好き」が1人いれば、その10倍は勉強ができる優等生タイプがいる。また、数は少ないが、生徒会や文化祭・体育祭などで公益のために、学校と交渉するタイプもいる。そして、当然、彼らをフォローする人たちがその100倍近くいる。

グラスに入った液体を飲み込んだ。

黒岩はこう言っていた。

西の国：未来の利益を最大化すること
中部　：全体の公益を最大化させるために、ルールの調整を行うこと
東の国：現在の利益を最大化すること
南部　：経済ルールにはない、幸せ・感情的な側面を最大化すること

大事なことは「どれが良い悪い」ではない、ということ。一方で、他の機能を理解するためには「それ相応の難しさ」があるということ。

そして、私が目指した世界観は、異なる機能を持つ人たちが、お互いの機能を理解し、尊敬しあえる——そういうシームレスで優しい世界だった。

だが、それを理解する地図を持っていたか？　と言われると、たしかに持っていなかったかもしれない。そう思い、アンナは眠りについた。

黒岩の夜

同日。同時刻。黒岩は、仕事を終え、一本の電話をかけた。

受話器の向こうから声が漏れてくる。

「ご無沙汰しています」

と黒岩が言う。

「君が連絡をよこすなんて、20年ぶりじゃないか」

通話相手の男が答える。

「白石さん、なぜ、彼女を私の元に送ってきたのですか」

相手は白石のようだ。

「彼女？　アンナのことかね？」

「そうです」

「クライアントを紹介しただけだよ、君のためにな」

「よく言いますよ、彼女は普通のそれとは違う」

「そうか？」

「何なのですか？　意図は？」

「……君たちには良きライバルが必要だからだよ」

「ライバル？」

「あぁ、君と彼女は良きライバルになる。かつての君と私のように」

「ふん、くだらん」


白石と黒岩。この2人はかつて、師匠と弟子だった。しかし、性格はまるで逆だった。

柔と剛。そう表現するものもいた。

白石は、起業家として成功し、資本主義から若くして立ち去り、いまは一線を退いている。反対に黒岩は、いまなおコンサルタントとしてアメリカと日本を股にかけて戦っている。

2人とも、かつてはこの国を変えることを約束した。しかし、両者は違う選択をした。いったい、2人の行く末を、分けたものは何なのか？

白石は言う。


「若い頃、私は公益のために戦い、そして世界を変えることを目指した。しかし、その夢は叶わなかった」

「あぁ……あなたは諦めた」

「そう責めるな。すまなかったと思っている」

「白石さん、あなたは、かつての私との誓いを忘れ、戦うことから逃げた」

「ああ、いまとなっては〝懐かしい話〟だろ？」

「ふん……」

「思うよ。私たちは明らかにあの頃、時代に愛されていた。この国の資本主義システムを変える、そのチャンスがあった。だが、私は愛のために諦めてしまった」

「私は、まだ諦めていない」

「あぁ、そうだな……黒岩、君は本当にすごい。私は思うんだよ、いったい、私のように金がある人間が、未来ある若者に、後世のためにできることは何なのか？　と。老いぼれなりにな」

「後世のためにできること、それが、白石さん、あなたにとっての『投資』なのか」

「そうだ。私にとってたしかに投資は『娯楽』のようなものだ。だが、それ以上に私が他にできることなどないとも心から思うんだよ」


ゴホッゴホッ。

そう言うと白石は咳き込んだ。


「……大丈夫か」

「大丈夫だ。ただ、こっちは寒い」


その冬、軽井沢を大寒波が襲っていた。

「とにかく、私から見て、確信したことがある。それはな、天才は一人では生きていけないということだ」

「天才は一人では生きていけない？」

「私は成功した。しかし、同時に凡才だった。才能などなかった」

「ふん、しらじらしい」

「いや、本当だ」

「思ってもいない嘘だ」

「いや、嘘ではない」

「くだらん」

「黒岩、お前は相変わらず頑固な男だ」

「思ってもないことを言うからです」

「私は凡才だった、それは私自身がよく知っている」

「白石さん、あなたは誰よりも成功した。誰よりも金を稼ぎ、誰もが羨む絶世の美女と結婚して、誰よりも多額の寄付もしている。それが凡才のできる策か？」

「いや、黒岩、私は真に凡才なのだよ。特別であることを諦めてしまったただの凡夫。何より、私は君と違い、社会的に良いと思われることの中で生きている。それこそまさに私がただの凡夫である証左だ。そうじゃないか？」

「…………」

「私は愛のために、特別であることを諦めてしまった。しかし、君とアンナは違う」

「……話の要諦が見えませんね」

「つまり、君にとってもアンナは必要な存在なのだよ。何というか、大事な何かを思い出す」

「歯切れが悪いな」

「そう言うなよ、あのな」

「…………」

少しの沈黙があった。

黒岩は受話器の向こう、遠くを見た。

白石もまた、遠くを見ていた。

白石が沈黙を破った。

「私はかつて才能について研究していた。そのとき、気づいたことがある。才能にとって必要なのは、遠すぎない才能との共鳴なのだよ」

「遠すぎない才能との共鳴……？」

白石は続けた。

「言うならば、主観と客観。その2つの天才が交わる瞬間を見たい。それだけなんだよ、私は。類い稀なる才能が、人類を進化させるレベルまで結晶化するかどうかは、ライバルと同じ世代に生まれたかどうか。その運命の存在が決める」

黒岩は黙って受話器を握る。

「黒岩、私は見たい」

「…………」

「上納アンナと黒岩仁。この時代に輝く才能が、コラボレーションし、次の時代を作る。その瞬間を。そのためなら、何十億、何百億でも出資しよう」

実際のところ、白石の本当の狙いなどわからなかった。ただ不思議な力がある話だった。黒岩は心の底ではそう感じていた。

しかし、そのときの黒岩は、まだ正確にはその感覚を言語化しきれていなかった。したがって、こう反芻《はんすう》した。

才能の共鳴……？

くだらない。

そんなものが本当にあるわけない、と。

壮大な暇との戦い

「案内したい場所がある」

そう言って、黒岩はオフィスの外に、アンナを連れ出した。東京の高輪駅からすぐのホテル1階にあるラウンジだった。

黒岩が、白石から言われた言葉の影響を全く受けなかった、と言うと嘘になる。

もし自分には見えていないものがあるのだとしたら、それは本当は黒岩が求めているものなのかもしれないからだ。あるレベルを超えると、人は自らにインスピレーションを与えうるものだけが本質的に金を払う価値があるということに気づく。

だからこそアンナは黒岩を雇ったのだ。そしてそれは反対に黒岩も同じものを求めている可能性を示唆していた。その日、この質問から始まった。

「いま、君は、世界の変化をどう捉えている？」

彼女は驚いた。黒岩の方を見る。

初めて会ったときは「傲慢な男」という印象だった。あたかも自分が世界を知り尽くしたような自信に満ちた男が、他人の意見を聞く。それは少し変な感覚もした。

アンナは思考を言葉に転換させた。アンナは答えた。

「私は、これからの世界は『壮大な暇』との戦いだと思っています」

「壮大な暇？」

「……私はよく想像するのです。もし、生殖機能がなくなった猿の寿命が2倍になったら、彼らは何をするのだろうか、と」

「猿の寿命が2倍になる?」

黒岩は、アンナの目を見つめる。不思議な思考をする女だ、と感じた。

アンナは続ける。

「私は、人の身体の限界を超えるものに価値を見出してきました。かつて、メガネは人間の弱点を補うものでした。ですが、技術は進歩し、いまは当たり前のものになりました。むしろ、ファッションにもなりつつある。あるいは、医療の力で人の寿命が延びることで、人生を何倍も生きられるようになった。その変化は近代までの単純な『寿命の延び』ではありません。生物として初めて『生存確率に比例しない形での寿命の延び』が生じたわけです」

寿命の延び。それは、これからの人類がぶつかる、永久のテーマ。それは間違いなかった。黒岩は問うた。

「結果、人類はいま『壮大な暇』にぶつかっているというのか？　必要以上に寿命が延びているからか」

「はい」

「面白い視点だ。それが猿とどう重なる？」

「それはたとえるなら、生殖機能がなくなった猿の寿命が2倍になったようなものですから」

アンナはグラスの液体を飲んだ。

アンナは続ける。

「ですから、いま、人類は『壮大な暇つぶしに堪《た》えるもの』を探し求めていると思います。たとえば、宇宙旅行、趣味、ノンプロフィット（非営利）の仕事、世界を席巻する掃除ブームもそうでしょう。これらは全て同じようなことです」

「では、アンナ氏、君から見た、最大の暇つぶしとは何だと思う？」

「わかりません、私はまさにそれを見つけようとしているのかもしれません」

「なんだそれは。〝わからない〟？」

「なぜなら私は人生で一度も暇であったことがないからです」


アンナは2歳の頃、死にかけたことがある。

彼女はそこから「死」を極めて強く意識して生きるようになった。その日から一度も暇であったことがないのだ。彼女は続ける。


「もしかしたら、その一つは『労働』なのかもしれません」

「労働、か」

「黒岩さんは、どう思いますか？」


アンナが問うた。2人の関係が少しずつ変化しつつある。

労働。それは普通の感覚なら、暇つぶしとはほど遠いものだ。

アンナの発言は、単に「好きなことを仕事にする」という意味なのか。それとも違う意味なのか。黒岩は一瞬、その真意を測りかねた。

なぜなら、人は「もう働かなくてもいい」と言われても、面白いことに、それでも「働くこと」を選ぶ人が想定より多い。それは労働とは、社会との繋がりをもたらし、日常にメリハリを生み出すものであるからだ。

「黒岩さんは、どう思いますか？」

アンナの声が繰り返される。黒岩は答える。

「たしかに、情報の形が変われば次に起きることは必ず『労働の革命』であるのは間違いない」

「労働革命……」

「そうだ、歴史は繰り返す。たとえば、出版技術の発展は、作家という職業を生み出し、そして、広告という職業を生み出した。あるいは、インターネットが生まれたことが、数多くの仕事を生み出してきた。情報の形態が変わると、必ず、労働の形も変わる。だから君の話も分かる」

黒岩はそう思っていた。黒岩は続けた。

「だが、本質的には現代は『影響力の時代』だと思っている。個人が影響力を持つことが許され始めている」

「個人が力を持つ……？」

影響力の時代

「現代は言うなれば、影響力の時代だ。この時代では、誰もが自らの影響力や、文脈を使い、値段をつけることができる。CtoCのオークションサービスや、個人の時間を売るサービス、インフルエンサーの台頭に代表されるのは、誰でも自分の影響力に値付けができることであり、その値段は文脈で変わる」

「はい」

「たとえば、著名人の時間を売るサービスがわかりやすいだろうか。日本を代表するコンサルタントの1時間というのは、経営者にとっては、数十万〜数百万円の価値があるかもしれないが、多くの若者にとって、ほとんど価値はない。

一方で、YouTuberの番組に出る権利は、10〜20代にとっては計り知れない価値があるかもしれないが、40〜60代にとってはほとんど価値がない。だからこそ、分断がより大きく見える」

アンナは答える。

「しかし、『文脈によって値段が大きく変わること』は、前の時代からありました。ある人にとって大事なものでも、ある人には不要になる」

「そうだ、しかし、その方法が、多様化してきたということだ。たとえば、CDを100枚買って、好きなアイドルを応援することができるようになったのは、それを実現するマーケティング手法と、サービスが生まれたからだ」

実にコンサルタントらしい見解だ。

アンナはそう感じた。しかし、それは少し「皮肉」も含んだ感情だった。創業経営者と、経営コンサルタント。発明家とマーケター。その両者には似て非なるものがある。つまり、やや〝凡庸な考え〟に見えたのだ。

黒岩は言う。

「つまり、現代においては『テクノロジーやシステムが変わったことで、〝誰でも文脈に応じて値段をつけられるようになった〟こと』こそが、最大の変化なのだ」

アンナは思った。たしかに現象としては正しい。

だが、明らかな反論も思いつく。


「しかし……」

「ん？」

「しかし。私はそう思いません」

「なに？」

「たとえば、Ａｍａｚｏｎはどうなるのですか」

「Ａｍａｚｏｎ……？」

Amazonと本屋の本質的な違い

23時が過ぎようとしていた。

ホテルのラウンジから、男女たちがひと組、またひと組と消えていく。

アンナと黒岩、2人は会話にのめり込んでいた。アンナは言う。

「Amazonはむしろ、画一的な価格です。どこにいてもいつでも同じ値段。むしろさっきの話と逆ではありませんか？」

素晴らしい指摘だ、と黒岩は思った。

しかし、実は両者の意見は全く矛盾していない。

画一的な価格と、個人がバラバラにつける価格、この2つは世界に両立しうるのだ。黒岩はそのことにも気づいていた。

「Ａｍａｚｏｎとは『人類の壮大なペイン』を取り除く会社だと私は思っている」

「壮大なペイン？」

「そうだ。私はかつてこう考えたことがある。Ａｍａｚｏｎの創始者ジェフ・ベゾスはどんな思考法で世界を捉えているのだろう？　と。いかにしてＡｍａｚｏｎ帝国を作り上げたのだろうか？　と」

「思想がない本質」

「ん？」

「……思想がない本質、それが私の感想なのです」

感覚的だった。

だが、アンナのそれは瞬間的に世界を捉え、言葉を落とすのだ。

アンナは言う。

「なんというか、私には、いまの世界は、生殖機能を永久に持ち続け、寿命が2倍、いえ、何十倍にもなった生物のように思うのです。そして、思想なき本質は、自己を最大化する方向に進みます」

「どういうことだ？」

「面白い科学レポートがあります。それは、なぜ生物には必要以上に子どもを作ろうとしすぎないケースがあるのか、という問いに対する研究です。たとえば、動物は本来、子孫の繁栄だけ考えれば、できるだけたくさんの子を作る方向に最大化されるはずです。たくさん子を作れば、その分だけ生き残る可能性が高くなるはずですから」

「ほう」

「ただ実際には、多くの動物は繁殖活動をする時期と、それ以外の時期が分かれています。それはなぜかというと、本来なら、繁殖活動と幼児期の保育はきわめてカロリーの高い行為だからです。言い換えれば、自分のコピーを作るというのはものすごく大変なことだからです。ですが、現代は違う」

「何が違う？」

「ルールが変わりました。デジタルの登場によって、再生産することのコストは極限まで下がりました。つまり……」

天井を見上げた。アンナは天を指し、言った。

「帝国の拡大を続けるＤＮＡを持ったミームがただ宙に浮いているようなものなのです」

不思議な子だ。

まるで子どものまま大人になったようだ。それでいて洗練された白い肌と、意志を持つ強い瞳は大人の見た目だ。黒岩は思った。面白い。アドレナリンを感じる。久しぶりだ。

黒岩が言う。

「……世の中にはＡｍａｚｏｎに関する数多《あまた》の解体新書がある」

「そうですね」

「あるとき、私は思った。事業の話などどうでもいい。むしろ気になるのは、どうやってベゾスは世界を捉えているのか。つまり、未来を作る彼の〝根本的な思考〟が気になったのだ」

「根本的な思考？」

「そうだ、言い換えれば、創業者はどういう原則に基づき世界を拡大していったのか？ということだ。あるとき、私はそのヒントを得た。それが、

『ペインとゲイン』の関係だった」

黒岩は続けた。

「そもそも、商品やサービスには2種類のものがある。一つは『ペイン（Ｐａｉｎ）型』と呼ぶものだ。これは、本質的には面倒くさく、コストであり、苦痛であるものを取り除くものだ。もう一つは『ゲイン（Ｇａｉｎ）型』だ。それ自体が楽しく、面白いものだ。美味しいご飯を食べるなどがわかりやすい」

たとえば、弁護士を雇うこと。これは「ペイン」であっても、「ゲイン」ではない。こういうことだろう。

「不思議じゃないか？　弁護士を雇うのを楽しい！　と思う人はほぼいないだろう。だが人はお金を払う。反対に、美味しいレストランに行くことは多くの人にとって『ゲイン』である。楽しいことだ。究極的に言えば、人はこの2つにしか積極的にお金を払わない」

苦痛を取り除くことと、価値を増やすこと。

前者がペイン。「人の苦しみ（ペイン）を取り除いてくれること」。後者がゲイン。「人の喜び（ゲイン）を拡大させてくれること」。究極的な価値はこの2つしかない。

たしかにそうかもしれない。黒岩が続ける。

「つまり、だ。究極のサービスの一つとは『人類の壮大なペイン』を取り除く会社だと思うのだ。帝国の王はそれを目指しているのではないかと思うのだ。それは、迷うこと、探すこと、比べること、雨のなか買い物に行くこと。面倒くささや、煩わしさ、それら全てを取り除くことなのだ」

アンナの瞳孔が開いていくのがわかる。黒岩は続ける。

「では、究極のペインとはなにか。それは間違いなく、死であり、病である。そう考えると人類の歴史とは『究極のペイン』を取り除く歴史だったと言っても過言ではない。宗教も医療もそうだ。死や、その恐怖は究極のペインだ。これらを取り除きたいと、人類は思い続けてきた」

アンナが反駁する。

人類が生み出した、「究極のペイン」を取り除く発明、か。

黒岩は続ける。

「よくＡｍａｚｏｎのせいで、地元の本屋が潰れたと言われる。君はどう思う？」

「そうは思いません」

「なぜ？」

「人は事業の失敗を、わかりやすい理由に求めるものです。加えて、それがわかりやすいストーリーであればあるほど、強い」

「ほう、つまり？」

「たとえば、悪の帝国が現れる——そして小さな企業が潰れる、これほどまでにわかりやすいストーリーはないからです」

「そうだな」

「ええ」

「私は思うんだよ、『離れ島にある、地元に一軒しかないスーパー』と『Ａｍａｚｏｎ』ではどちらが影響力が強いのだろうか、と。君はどう思う？」

離れ島で唯一のスーパーと、Ａｍａｚｏｎ？

どちらが影響力を持っているのか。アンナの目が黒岩を見つめる。

人生において、〝時を忘れるほど熱中できる会話〟、これ以上の幸せがあるだろうか。黒岩は夢中になり語る。

「普通に考えると、支配する力の総和であれば、Ａｍａｚｏｎの方が強いのは間違いない。そうだろう？　だが、地元に一軒しかないスーパーは、地元の人にとってはＡｍａｚｏｎよりも明らかに影響力を持つ。だとしたら、両者の違いはなにか」

アンナは答えた。

「設計思想」

これもまた反射神経だった。彼女は続ける。

「Ａｍａｚｏｎはこう、地球上にスパイダーのような網を展開するイメージで事業を作っている。一方で地元のスーパーは違う。あくまで線でしかない。そう見えるのです」

黒岩もまた「面白い」、そう思った。アンナの思考法はたとえるなら立方体である。3次元。世界を全て3Dの世界で捉えている。しかし、そこに時間軸はない。

一方で黒岩の思考法はたとえるなら数式である。2Dなのだ。世界を音とリズムで捉えている。したがって両者の思考には決定的な違いがある。「時間軸」と「立体性」が異なっているのだ。

これが2人の思考法の違いなのだ（左ページ図）。

黒岩はワインを飲み、答えた。

「答えは『選択肢』と『価値』にある」

「どういうことですか？」

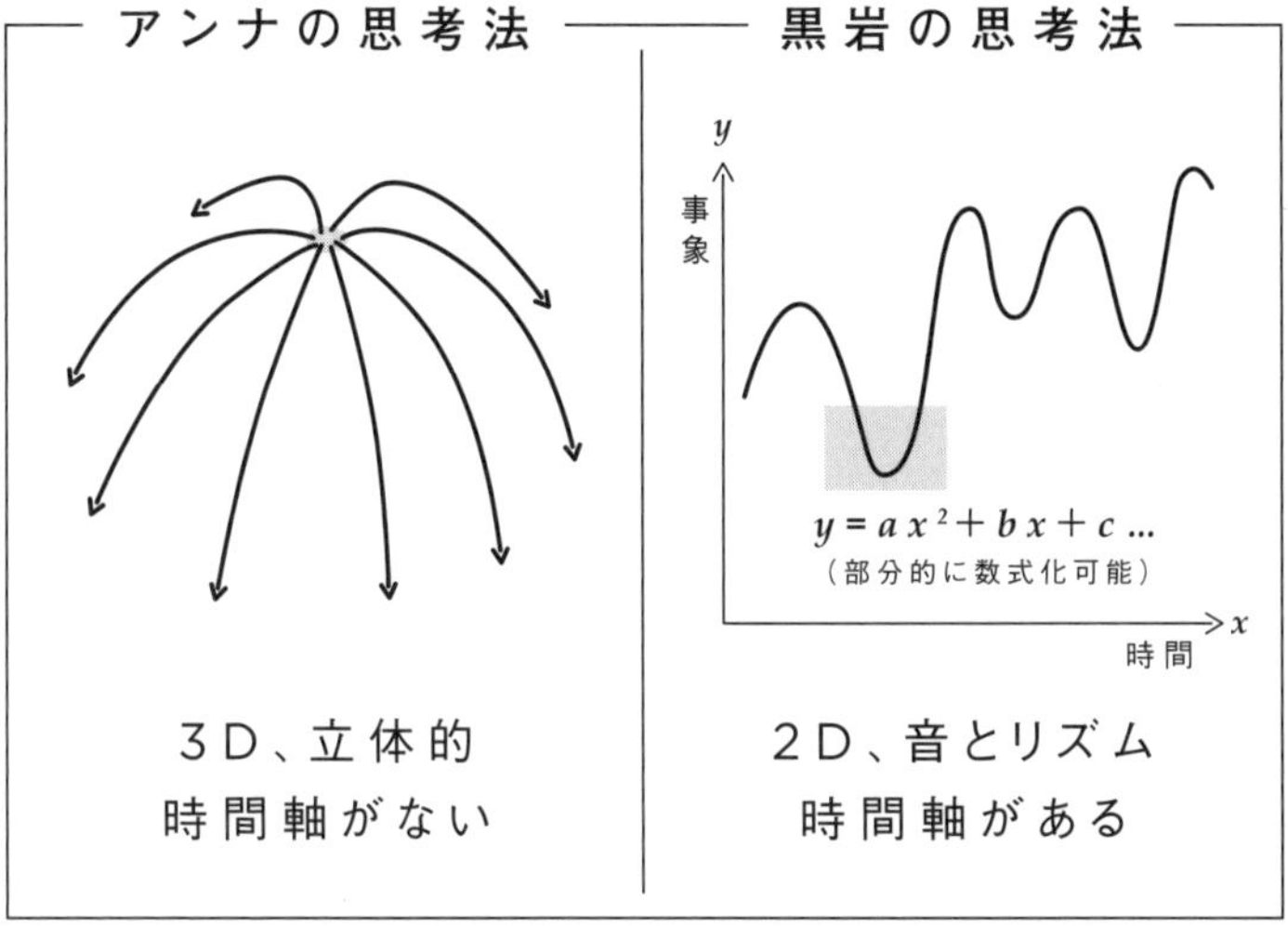

黒岩は続ける。

「たとえば、コンビニエンスストアは『別に売れなくてもいい商品』が置いてある。これは有名な話だ。売れなくてもいい商品とは、ガムテープや、封筒やハサミのように、たまにしか売れないようなものだ」

「ええ」

「もし、コンビニが短期的に売り上げを最大化させるのであれば、その棚は売れ筋商品に置き換えた方がいい。それでもコンビニが『売れなくてもいい商品』を置くのは、『コンビニ＝何でも置いてある場所』という象徴だからといわれる」

これは有名な話だった。

アンナは黙って聞いていた。

「そして、これは、Ａｍａｚｏｎと地元のスーパーの現象を端的に説明している。それはペインのルールで一番最強なものとは『ユーザーが、他の選択肢を考える必要がない状態である』ということだ。これが支配力のルールだ」

「支配力のルール？」

支配力のルールが力を持つとき

「支配力のルールは、最強の力を持つ」

黒岩はこう表現した。

「支配力。つまり、最も力の強い状態の一つとは、『他の選択肢を考える必要が全くない状態』だ。Ａｍａｚｏｎがもしなくなったとしても、人々は生きていける。それでも、Ａｍａｚｏｎが爆発的な力を持つのは『他の選択肢（ＥＣサイトなど）を考える必要がないから』だ。これは単なる〝シェア〟の話ではない」

「シェアとは違う？」

「ああ」

「それだと、ＧＭＳ（総合小売店）と何が違うのですか？」

「いや、全然違う」

「どうして」

「ピーター・ティールが言うように、独占的なシェアを持つことは重要だが、それ以上に『他の選択肢を考える必要がない状態を作ること』の方がはるかに本質的なのだ。なぜなら、もしシェアを持つことが重要なのであれば、地元のスーパーや、地元の本屋は、最強であり続けられたはずだからだ。シェア自体は高いからな。だが、ユーザーにとってはそうではなかった」

アンナの体が前に傾く。

興奮しているのを感じる。

黒岩は、明らかにこれまで会ったことのないタイプの才能だったからだ。

いったい、この男、何者なのだ？

黒岩は続ける。

「なぜなら『他の選択肢を考える必要』がそこにあったからだ」

「他の選択肢を考える必要がないものだけが強い？」

「そうだ、だが、ここに君の事業家としての弱点がある。なぜなら、君の思想とは根本的には相容れないものだからだ」

恐ろしく鋭い。そう思った。

アンナは答える。

「つまり、私は……テクノロジーとは多様性を助長するものだと信じてきました。その意味で相容れない。こういうことですか？」

「そうだ」

アンナは信じてきた。テクノロジーとは、弱者を助け、人々の異なる生き方を認めるために生まれたと。しかし、現実には分断を生み出した側面もあった。だから、全てを見抜いた黒岩はこう断定した。

「つまり、君の根本的な設計思想はあまりに優しすぎる。だから、彼らには勝てないのだよ」

アンナは自らの起業の経験を思い出していた。アンナが作り上げたテクノロジーは、この世のどこにもない、存在しないものだった。

その意味で「独創的」だった。だが、やがてその技術は他社に模倣され、そして、マーケティングによって負けた。その意味で「独創的ではあったが、他の選択肢を考える余地がなかったか？」と言われると、そうではなかったのだ。

黒岩は言った。

「これがテクノロジーだけを信じるものが、その意図と反し、富の独占に負けてしまう理由だ。『支配力』のルールの方が強いからだ。そして、これこそが君が経営者として負けた理由だったのだよ」

支配力のルール

・それ以外の選択肢を考える必要がないものだけが、強い
・このとき、人は「何も考える必要がないまま」、その商品を選ぶ

私が負けた理由。

それを求めてここに来た。

これが答えなのだろうか……？


黒岩は言う。


「君はおそらく、考えたことがなかったはずだ。どうだ？」

「たしかに……」

「いいか、この概念は『ドミナント戦略』や『Ｎｏ．１戦略』と似ているため、勘違いされやすい。だが、それらとはわずかに違うものだ。

言い換えれば、なぜ、独占するのが強いかというと、それは『他を選択する必要がなくなる』からだ。逆に言えば、仮に独占されていても、孤島の住民が『もっと他にいいスーパーがあったらいいのに』と思うのであれば、そのスーパーはいずれ代替されてしまう」


しかし、疑問も残る。

違和感があった。

アンナはそれを口にした。

「黒岩さん、あなたの言うことは至極もっともに感じます。しかし、根本的に全く納得いかないことがあるのです」

黒岩は顎に手を当てた。

「ほう、何だね？」

アンナが答える。

「『愛』です、つまり、『そこに愛はあるのか』ということです」

「……愛?」

愛はあるのか

「そうです。つまり、『そこに愛はあるのか』ということです」

「どういうことだ?」

「たしかに『他に何も考える必要がない状態こそ、最強である』というのは納得感がありました。そしてそれは『人類の苦痛をなくすこと』だと。しかし、人間はそれで本当に幸せになるのでしょうか?」

「幸せ?」

「つまり、私は『死』とは全ての価値の根源ではないか、と思うのです。たとえば、人類がもしいまの寿命の10倍生きられたとしたら、1000歳まで生きられたら、あるいは不老不死になっても、人は全てのことに価値を見出せるのでしょうか」

黒岩は黙って聞いている。

「緑葉の春に朝起きて吸い込む空気も、初めて訪れる異国の地も、もし1万歳まで生きられたら、価値を見出せなくなるのではないでしょうか。つまり、『ペインを究極に減らすこと』、それだけで人間の幸せに繋がるとは到底思えないのです」

面白い。

黒岩はこの会話を楽しんでいた。そして同時に、アンナの過去に思いが巡った。

彼女は人類のために戦い、だが、それによって裏切られた。だからこそ、ここまでの考えの境地に達しているのだ。

真実のために戦ったことのある人間でなければ、その真実の裏側にあるもう一つの大きな真実を、覗き見ることはできない。

黒岩は答える。

「では、問うが、君にとって愛とはなにかね」
「私にとって愛とは……」

アンナは思い出していた。経営を共にした仲間、一緒に戦ってきた仲間。あるいは、テクノロジーの力によって人の尊厳のあり方を描くこと。
それら全てとの繋がりだった。

だが、それが途切れたいま、愛とは何なのか、わからなかった。アンナは下を向いた。

「愛とは、何だったのでしょうか。いまの自分にはわかりません、しかし」
「しかし？」
「しかし、確実にいまも、自分の胸に手を当てるとそこにはまだ存在しているのです」

胸の鼓動がする。ドクン、ドクン。

あの春、私は彼らに出会い、そして救われた。だが、その彼らともう一緒に働くことはない。だとしたら……。

手を胸に当て、息を吸う。

アンナはいつもそうだった、自分の手を胸に当て自分が存在していることを確かめる、その仕草だった。

「すみません」

黒岩は聞く。

「続けて大丈夫か？」

アンナは静かに頷いた。

「愛」とは彼らに何をもたらすことか

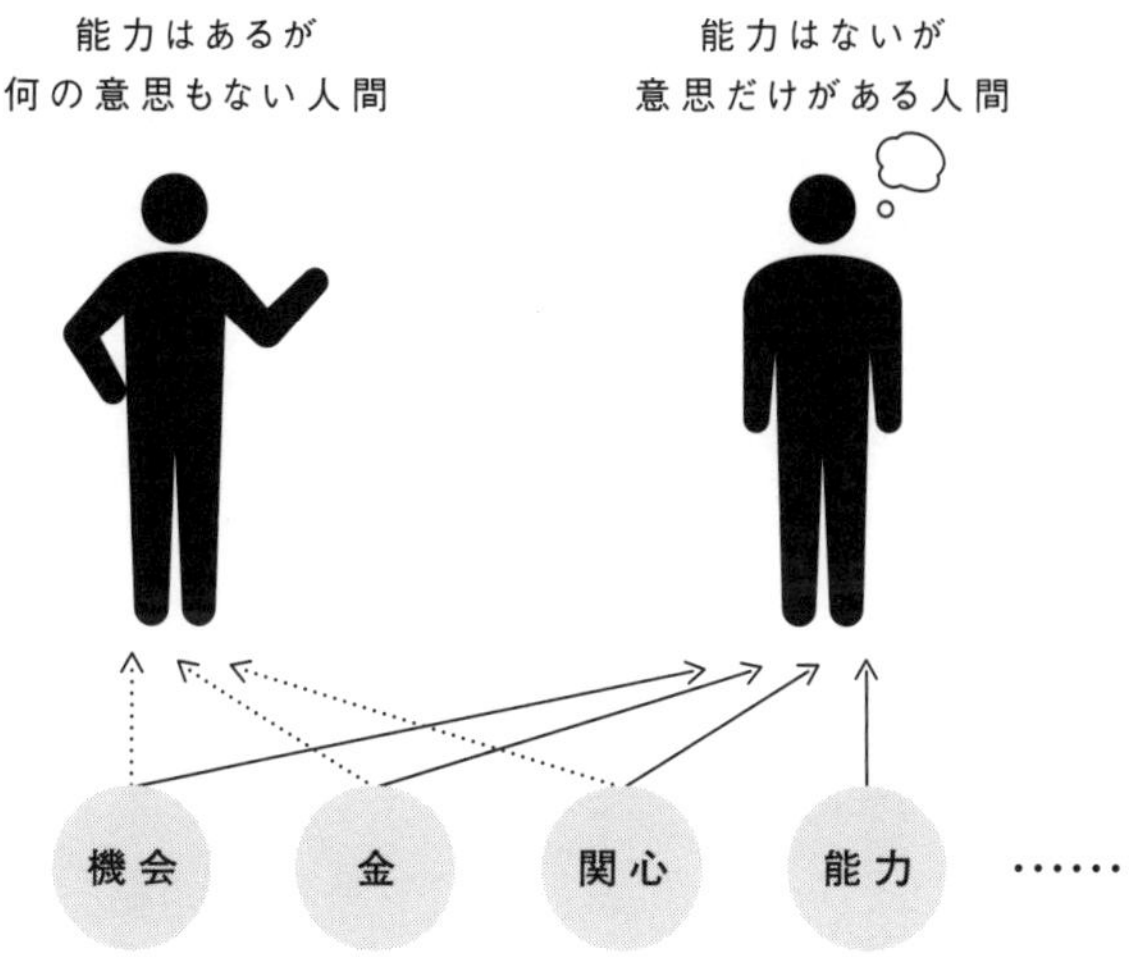

「はい、続けてください」

「では、思考法を変えよう。たとえば、目の前に2人の人間がいたとしよう」

一人は、能力はあるが、何の意思もない。

もう一人は、能力はないが、意思だけがある。

「君にとって愛とは彼らに何をもたらすことかね？」

目の前に2人の人がいる……そして何をもたらすことが愛なのか。

能力か、それとも、機会か、それとも金か、関心か。

「それは難しい問いです……かつて、かつての私なら『機会』と答えていたでしょう。テクノロジーによって、全ての人の物理的な制約を取り除く。それが愛だと信じていました。ですが」

「だが？」

「あなたとの対話を通じ、それは愛の形の一つでしかないのかもしれない、とも感じました。つまり、いくつかの種類があるような、そんな気がするのです」

迷いがある――黒岩はそう感じた。
この瞬間、黒岩は、アンナの本質的な課題を捉えた。

そう、彼女が本当に悩んでいるのは、経営者としての手腕ではないのだ。

自分が信じていたものが揺らぐ、それなのだ。

なぜなら愛には確信が必要だからだ。

そして確信とは「自らが何を求めているのか」を真の意味で理解することだ。そして理解するとは「それを得るためにどんな代償を払わなければならないのか」まで含めて理解することなのだ。

黒岩は続ける。

「月と太陽のように『支配力のルール』にも対となる概念がある。そちらのルールもまた、シンプルだ。そしてそれはこれからの時代、さらに重要になる」

「これからの時代、さらに重要になる？」

「そうだ。たしかに人が初めて『全てのペイン』から解放されるときが来つつある。そんな時代だからこそ、重要なのが『ゲイン』なのだ。アンナ氏よ、問いたい」

「はい」

「君は、価値の広がりについて十分に考えたことがあるか？」

「価値の……？　広がり……？」

支配力から、影響力の時代へ

2人は店を替えた。バーのカウンター、2人は隣りあわせで座っている。
24時を指す時計。

支配力から、影響力の時代。

黒岩はこう表現した。そして聞いた。

「君は特定の宗教を信じているか？」

黒岩は彼女の首元を見た。バーのライトが肌を照らす。何も装飾しない身体が、むしろ美しさを引き立てていた。

「かつてはカトリックでした」

アンナが答え、黒岩が続ける。

「時代は変わる。君が言ったように、かつての人類は『ペイン』との戦いだった。だからこそ、『お前はこの会社しか選択肢がない』と思わせるものは強い、いや、〝強かった〟のだ。それは経営も同じだった」

「でも、時代は変わりました」

「そうだ、時代は変わり、本質的に私たちが提供すべきものが変わってきた。それが『ゲイン』だと思っている。時代は、ペインからゲインへ。支配力から、影響力の時代に近づいていく。ゲインとは、より具体的には『価値の広がり』だ」

「価値の広がり？」

「たとえば、ゲイン型の典型である高級フレンチに行くのは、料理を食べること以上の価値がある。そこにいることで自分が『選ばれた、特別な時間』を生きている感覚を得られる。このとき、人は食事そのもの以上に『自らの価値を大きくしてくれること』に対価を払っている」

「自らの価値を大きくするもの……」

「あぁ、影響力の世界では、〝自らの価値を大きくしてくれるもの〟だけが強い。教会や、神殿、寺院などには『自分の身体感覚を超えた何か』の存在を感じさせる空間がある。我々が、伊勢《いせ》神宮を前にしたとき、世界の大聖堂に足を踏み入れたとき、そこにあるのは品格と、圧倒的な存在感だ。あるいは、熱狂するサッカースタジアムに行ったとき、強い高揚感を感じるのは、自分が『少し大きくなった』感覚を得られるからだ」

「あるいは趣味も同じですよね」

「というと?」

「仕事の話は普段しないのに、趣味の話は楽しそうにする人は、そこに所属することで『自らの価値が大きくなった』気がする」

「ああ、つまり、まとめるとこうだ」

ペイン型のサービス：他の選択肢がないものだけが、強い
ゲイン型のサービス：自分の価値を広げてくれるものだけが、強い

少し大きくなった感覚……。

アンナは振り返った。たしかに、テクノロジーの会社は、オフィス環境に対して投資する。それはもちろん、アンナの会社もそうだった。これも同じことだろう。

「私は思うことがあるのです。これから先、真の意味で『人類の価値を広げるもの』は生まれてくるのか？　と」

「人類の価値……？　いったいどういうことだ？」

凱旋門

アンナが答える。

「私は、ときどき思うのです」

「何をだ?」

「これから先、人類が『凱旋門』を生み出すことはあるのか? って」

「凱旋門? パリのか?」

「そうです」

「なぜだ?」

「その場所も、そして、その思想を持った人もいないからです。空間への投資は、本来、経営者が最も行うべきことです。なぜなら、効果が見えづらく、それでいて価値があるからです。つまり、長い目でしか作れない。それはある意味で、独裁者である人物しか作れ

愛読者カード

今後の出版企画の参考にいたしたく存じます。ご記入のうえご投函ください（2020 年 11 月 30 日までは切手不要です）。

お買い上げいただいた書籍の題名

a　ご住所　〒□□□-□□□□

b　お名前《(ふりがな)》

c　年齢（　　　）歳

d　性別　1 男性 2 女性

e　ご職業（複数可）　1 学生　2 教職員　3 公務員　4 会社員（事務系）　5 会社員（技術系）　6 エンジニア　7 会社役員　8 団体職員　9 団体役員　10 会社オーナー　11 研究職　12 フリーランス　13 サービス業　14 商工業　15 自営業　16 農林漁業　17 主婦　18 家事手伝い　19 ボランティア　20 無職　21 その他（　　　）

f　いつもご覧になるテレビ番組、ウェブサイト、ＳＮＳをお教えください。いくつでも。

g　最近おもしろかった本の書名をお教えください。いくつでも。

郵便はがき

料金受取人払郵便

小石川局承認

1015

差出有効期間
2020年11月30
日まで

112-8731

東京都文京区音羽二丁目
十二番二十一号

講談社
第一事業局企画部
行

★この本についてお気づきの点、ご感想などをお教え下さい。
(このハガキに記述していただく内容には、住所、氏名、年齢などの個人情報が含まれています。個人情報保護の観点から、ハガキは通常当出版部内のみで読ませていただきますが、この本の著者に回送することを許諾される場合は下記「許諾する」の欄を丸で囲んで下さい。

このハガキを著者に回送することを　許諾する　・　許諾しない)

TY 000069-1908

ないと思うのです。でも、いまは、政治も経済も、全て、短いスパンで判断されます。そして独裁も許されにくい」

「たしかに」

「そう思いますか？」

「ああ」

「嬉しいです」

「面白い意見だな」

「私、思うんです、凱旋門、それは、とても長い視点で、ある意味で、とてつもなく馬鹿げた投資です。でも、それが何年も、何百年も人を呼び続ける。私が恐れていることの一つはそれです。これから先、人類から新たな凱旋門が生まれないことなのです。ただ唯一の場所を除いて」

「唯一の場所？」

「宇宙です」

「だから、君は宇宙に固執するのか」

「そうです」

アンナは創業時から宇宙に対する並々ならぬ執着を持っていた。かつて彼女はインタビューで「あなたが嫉妬する人物はいますか?」という問いに対して、「宇宙を作った人」と答えていた。黒岩はそれを知っていたのだ。

「宇宙はまっさらです。巨大なキャンバス。だから私はそこに、新たな凱旋門を建てたいのです。どう思いますか?」

黒岩は前を見た。グラスの中身を飲み干した。

「そうすると、より一層、人はどの『物語』の中を生きるのか、で決まるな」

「どういうことです?」

「シンプルな話だ。新たに物理的に美しいものが生まれない世界では、人は〝見えないもの〟の中に価値を求めざるをえない。君が言うまさに〝暇つぶし〟だ」

アンナは黒岩を見つめる。黒岩は言う。

「たとえば、宗教には必ずと言っていいほど『物語』が含まれている。聖書には、イエス・キリストのストーリーが描かれているし、タルムードには、ラビ（教師）と呼ばれる人物たちの、逸話や物語が豊富に存在している。だが、人は物語の本質を理解していない。物語の本質とは『逸話（良質なエピソード）の量』なのだ」

「逸話の量？」

「イエス・キリストが語り継がれるのは、病気を治した、復活したという逸話があるからだろう。経営も同じだ。カリスマを生み出すのは、逸話だ」

「しかし、多くの会社では創業者の自伝や、創業物語など、物語がすでに存在していますす」

「違うな」

「何が違うのですか？」

「それらの多くは物語の『本質』を理解していない。たとえばいまここに、自伝を書きたいと思っている経営者がいたとしよう。その人物に、物語の本質とは何か知っているかと問うても、百発百中で答えは返ってこないだろう。物語の本質は経営学では習わないからな」

「物語の本質とは何なのですか」

「それは『読者による投影』を引き起こす、逸話なのだ」

「投影？」

「そうだ。いいか、人は物語に成功者の逸話をただ、求めているわけではない。人は物語と自分を照らし合わせて、『自分ならどうするか』という投影を求めている。君の言葉を使うなら、まさに没入だ。そのために、共感から始まり、分岐や、問いかけ、葛藤が存在していなければならない」

アンナは考えた。

なるほど、経営者にとって、ほかの経営者の自伝が面白いのは、そこに共感し、没入できるからだ。その意味で「悩みに共感できない」話は物語としては意味がない、こういうことだろうか。

「支配力のルール」から「影響力のルール」へ

支配力のルール		影響力のルール
他の選択肢を考える必要がない状態を生み出す	基本戦略	「価値の広がり」に最大の目的を置く
ペイン型のサービス	サービスの形	ゲイン型のサービス
不要 むしろないほうが良い	物語	「エピソード」が多ければ多いほど良い
客観の世界	もたらす世界	**主観の世界**

「よく、人々はこう言うな。『やりたいことが見つからない』と」

「ええ」

「だが、それはほとんどの人にとって当然だ」

「なぜです？」

「やりたいことを見つける力とは、物語を作り出す力と百パーセント比例しているからだ」

「どういうことです」

「多くの客観の世界に生きる人間にとって、やりたいことを見つける力と物語を作り出す力とは百パーセント比例しているということだ」

「〝物語を作り出す力〟は比例している？」

「そうだ、言い換えれば、物語の力を鍛えない限り、『やりたいこと』など見つかるわけがない。過去の出来事とは、未来に説得力を持たせるためのファクトだからな。物語とは、没入であり、未来への投影だ。客観的な人間にとってやりたいことなど、その時点では空想の話でしかないからだ。そうは思わないか？」

「思いません、いえ、正確には、わかりません」

「わからない？」

「はい、私は特に、物語など気にしたことがありません。一度たりとも。だからです」

「ははは」

アンナの言葉に黒岩は初めて笑った。そして言った。

「それは君が生まれながらにして天命を与えられた人間だからだ、アンナよ。マズローは欲求階層説を唱えた。その一番上は『自己実現』だという。だが、それは明らかに違う」

「どういうこと？」

「その上がある」

アンナが黒岩の顔を見ている。黒岩は〝アンナ〟と呼び、こう言った。

「人にはごく稀に『そのために生まれてきた人間』がいる。彼らが持つのは『天命』であり、使命だ。私は確信した。君はそちら側の人間だ。しかし、それは往々にして弱点に結びついている。苦しく険しい人生だ。いまの君のように」

「険しい人生……」

「なぜなら、本来生物にとって『それしかできないこと』は明らかに不利だからだ」

実際、アンナもそうだった。他の人ができないことができる。その代わりに他の人が普通にできることができない。それはあった。

黒岩は酔っ払っているのだろうか。普段は決して見せない姿と語り口。

それは心の底からアンナとの会話を楽しんでいたからだろう。

2人の前には、酒とつまみのナッツが置かれている。

黒岩は、ナッツを手に取った。

「わかりやすく言おう。たとえば、目の前にナッツしか食べられない人間がいたとしよう。その人物はある意味で『ナッツを食べるために』生まれてきた。その意味で役割を持って生まれてきた。だが、その『ナッツしか食べられない』のは生物としては明らかに弱点になる。優れた物語の主人公は常に、弱点と使命を持つ。君にはその2つがあるのだ。だから、他者の物語などいらない」

〝いらない？〟。アンナは自らに問いかけた。

「そうだ、アンナ。君は君しかできないこと、それをやるために生まれてきた稀有な人間だからだ」

朝日

朝日が入る部屋。アンナは久しぶりに早く起きた。誰もいない部屋。立ち上がり、ゆっくりとコーヒーを淹れ、そして一口含んだ。

あつい。

コーヒーを飲む。朝日が眩しくうつる。鏡に映る自分を見る。そして、次に会えるのを楽しみにしている自分がいた。だが、それはすぐさま、罪悪感に変わった。

「私が幸せになっていいのか」

アンナはテーブルの上に置かれている、一冊のノートを見ていた。赤い表紙の右上にナンバーが書かれている。日記だろうか。ぼろぼろになっている。小さい頃からずっと続けていた唯一の習慣だ。

ただ、それは日記といっても、単なる日記ではなかった。夢に関する日記だった。より具体的には「その日見た夢」を全て書き留めておくためのものだった。

多くの人は夢を忘れるが、アンナは夢の全てを覚えていた。アンナはノートを開く。「部屋のある空洞」と書かれている。どうやら、夢の名前のようだ。

夢の中身はこうだった。

どこか、ヨーロッパのホテルのラウンジのようだ。彼女はその中央に座っている。上を見上げる。高さ20メートルはある天井。それを四方から四角く囲む壁。

こちらから見ると、たくさんの部屋がある。

アンナはその中の一つの扉をあけて、誰かの部屋を訪れる。ただそこには誰もいなくて、色が塗られている壁だけがある。緑、赤、黄色。それぞれ一色に塗られた壁は部屋の中で無限に広がっていて、アンナはそこに乗ったり、壁の上を走ったりすることができる。その日現れた色の壁を走っていくと、その先には真っ黒なトンネルが見え、次第に大きく近づいてくる。その黒いトンネルの先は見えず、アンナはその前で立ち止まり、そして振り返る。

扉はすでにもうとても小さくなっていて、アンナには戻れるだけの力は残っていない。遠くまで来すぎたのだろう。

アンナは膝を抱え、座り込み、そして地面に映った自分の影を左の人差し指で摑もうとするのだった。

これがいつも繰り返される夢だった。

あのとき、自分を支えてくれた人。初めて自分のやりたいことをみつけたとき、誰も自分を信じてくれない中で、それでも自分の言葉に耳を傾けてくれた人。信じてくれた人。大事な言葉をかけてくれた人。その恩は一生忘れることがないだろう。

でも、結局、たくさんの人を裏切ってしまった。私は多くの人の希望を失望に変えてしまった。

スマートフォンに、ニュースが届いた。また、あの誰もが知っている会社が、大量の退職者を出したらしい。

目の奥が熱くなる。私は何のために生きてきたのか。何を信じて生きてきたのか。

「私はこのまま立ち止まっていていいのか」

アンナは身支度をすませ、部屋を出た。

アンナの回想

「話を戻そう」

オフィス。目の前には黒岩がいる。


「すみません……何の話でしたか？」

「ラベルの話だよ、ラベル」

「あぁ、そうでした。続けてください」

「人は、自分に何かしらのラベルをつけることで自己の相対的な価値を確認できる。人々が『○○株式会社の』と語るのは、そのラベルが自分の価値を簡単に拡大させてくれるからだが……」

黒岩が何かを話している。

アンナは、彼を見つめながら、考えていた。


会社とはいったい何なのか？

このまま立ち止まっていていいのだろうか？


アンナは言った。


「黒岩さん」

「何だ？」

「少しだけ私の話をさせてください」

黒岩はアンナを見る。

何かあったのだろうか？

「私は……私は、自分で作った会社のオフィスを最後に去るとき、もう二度とこの場所に戻ることはないと感じていました。もう二度と、この場所に戻ることはない、と。

あのときからずっと考えていました。いつが私の引き際だったのだろうか、と」

アンナが顔を上げ、はっきりとした口調で言った。

「新しいアイデアはしばしば、組み合わせによって起きると言われることがありますよね」

「ああ」

「つまり、全く新しく見えるものも、その実はすでにあるものの組み合わせだと。でも私は知っていました。それは完全なる嘘だということを。正確に言うならば、それは父性が語る才能だということを理解していました。黒岩さんと話し、その意味が理解できた気がします」

アンナは自分が作った会社を、若くして立ち去らざるを得なくなった。経営権は、当時CFOであった男に譲ることにした。その男はとても聡明で、いかにもエリートというキャリアを歩んでいた。

黒岩はアンナを見る。

父性が語る才能？　どういうことか。

アンナが続ける。

「私は何度も考えました。なぜ、いまの自分が譲るべきなのか。その方が幸せになれるのか？　と。そのとき考えたのは、『論理的であること』とはいったい何なのか、ということでした。いや、正確に言うならば、論理的である才能とは何なのかということです」

「論理的である才能？」

「論理的な才能とは、行き着くところ『分解と再構築』の力なのです。でも、それが成り立つためには、その前提を認めるための『何かしらの始まり』や『分解すべき何か』が必要になる。だから、組み合わせこそがアイデアだと語る人間は、後発者の視点で世界を見ているのです」

たしかに、物事は原則的に無機的であり、組み合わせによってできている。こう考えると、全てのことは「組み合わせによってできている」と思うとつじつまが合う。しかし、それが違うと語るのだ、アンナは。アンナは続ける。

「でも、それは明らかに私とは違う考えだったのです。こちら側、その根源となる愛とは、極めて有機的であり、それは分解と再構築というものとは大きく異なり、有機的なものをそこに一個体として生み出せるものだからです。昨日、黒岩さんは、『物語』について価値を教えてくれました」

「あぁ」

「考えたことがない問いでした。でも、一晩考え、わかりました」

「何をだ？」

「ディズニーや、ジブリ。偉大な物語が、なぜ、偉大たるか、それはその物語という装置を使って一つの生き物をそこに生み出せるからだと思ったのです。そしてミッキーマウスといったキャラクターがなぜあれだけ愛されるかというと、それは創作者が2つの愛を持っていたからです。1つめは、生まれるまでのもの。それは、異常なまでのこだわりと執着心。2つめは、一度自らの手を離れた後に自由と尊厳を持って接する深い優しさ。それらは異なる2つの愛なのではないか、と感じたのです」

「なるほど」

「私は、その事実に気づいたとき、ようやく自分が作った会社を自らの意思で去ることの意味を理解しました。会社は十分に大きくなった。その分だけ、一つの生き物としてあり続けるためのコストが多くなった。それはもはや、私のやるべきことではなくなったのだと」

黒岩は黙って聞いていた。アンナが続ける。

「つまり、十分に大きくなり、愛を受けて育ったキャラクターは、母なる創作者の元を離れ、一人で生き走ることができる。そのとき必要なのは、プロデューサーであり、そして、世界を理解している人だった。分解と再構築の力によって、旅を豊かにすることができる人だった。だから、私ではなかったのです」

「つまり、アンナ。君が経験したプロセス、それはまさに一つの生き物が渡る人生だった。生物としての壮大なプロセスだった、と」

「そうです」

彼女の考えでは、発明は母性の才能であり、投資と戦略は父性の才能だった。

だが、様子が少しおかしい。彼女の体が昨日より小さく見える。

どうやら、何かあったようだ。黒岩はそう思っていた。

「すみません……黒岩さん」

「なんだ?」

「大事な話があります」

「話？　なんだ？」
「ここで話しづらい話です。今日の話はここまでで大丈夫です。その代わり、少しだけお時間いただけませんか」

黒岩は時計を見た。
30分であれば、時間は作れる。2人は外に出た。

食事のシーン

レストランに2人。

黒岩はアンナの左手を見た。美しい手だ。指輪もない。
黒岩はグラスに入った水を飲み込んだ。不思議な感情だった。

アンナは黒岩の目を見つめた。

「それで今日は一つ話があるのです」

眉が僅かにピクリと動いた。いったい何の話だというのだろうか？

「話？」

「はい、単刀直入に言うと、一緒に働いてほしい。私の会社を手伝ってほしいということです」

「〝一緒に働く〟？」

黒岩は驚いた。予想してなかった。

若い頃はあった。起業の誘いが。

ただ、年をとり知名度が上がれば上がるほど、その誘いはなくなっていった。なぜなら、周りは皆、黒岩のいまの仕事が彼の天職であることを理解していたからだ。

黒岩はアンナの目の奥にある黒く、美しい瞳を見つめた。

自信の奥にある不安。それは偽りの強さに見えた。

「私は半年以内に起業します。そこで一緒に働いていただけないでしょうか」

「もう一度起業するのか？」

「私にはそれしかできませんから」

黒岩は考えていた。だが、それは決していい状態ではない、と感じた。アンナは焦っているのだ。アンナが続ける。

「この話は、黒岩さんのオフィスではできませんでした。だから、外に連れ出してすみません」

黒岩は思った。何が彼女をそうさせたかはわからない。だが、それでは元の木阿弥なのだ。彼女は何かに焦っている。間違いない。黒岩は言った。

「私が君に初めて会ったとき、私が君に教えられることは本質的にはたった一つだと思った」

「一つ？」

「たとえるなら、それは『死なないための戦い方』だ」

「どういうことです？」

「それはこの長いマラソンを死なずに渡っていく方法だ。私もそうだったからわかる」

「わかる、何がです？」

「私はこれまであまりにも多くの才能ある人間たちを見てきた。白石会長もそうだった。だが、彼がこの資本市場の世界から去ったように、才能に溢れた人間は、その溢れ出る才能がゆえに、自分を破壊してしまうことがある。市場に対して早すぎる最適化を求められる。だが、それは自らを殺すナイフにもなる。そしてそのナイフから身を守る才能と、作り出す才能とは別なのだ」

黒岩は言った。

「私たちはどこかで『死なないための戦い方』も身につけないといけないんだ」

黒岩は遠くを見つめた。光。光だ。光が見える。しかし。

希望とは何なのだろうか?

アンナと話していると、不思議とそういうことを考えてしまう。

「アンナ。君が、何のために生まれてきたのか、君は誰を幸せにするために生まれてきたのか。その答えは君じゃなきゃわからない」

「もちろんです」

「君は経営者であり、何よりも起業家だ。そういう星に生まれてきた。だが、私もまた、経営者であり、そして戦略家だ。そういう星に生まれてきた。その星は似ているが、違うものだ。だからこそ、確信している。まだ起業は早いと」

アンナの顔が変わった。

「私は、私は、一度は諦めました。ですが、ここから抜け出したい。一刻も早く。あのときの自分を超える必要があるのです。私は多くの人を失望させ、そして、期待を裏切りました。でも、どうすればいいのか、わからない」

「だとしたら、なおさら答えはノーだ」

ノー。あまりにもはっきりした答えだった。黒岩は言った。

「私を信じてほしい。あと3ヵ月だ」

黒岩は「たった3ヵ月だ」と言った。そしてもう一度、言った。

「たった3ヵ月だ」

そう言うと、黒岩は息を吸い、そして大きめにフーッと吐いた。

アンナは彼を見た。そして黒岩は少しだけ笑った。

そこには父なる強さのような、不思議な安心感があった。アンナはつられて、少しだけ笑った。

その笑顔には、どんな人も惹きつけるチャームがあった。何もないとき、若かったアンナの笑顔そのものだった。

黒岩は言った。

「まだ先は長い。この国はこれから『人口が減る時代』に突入する。そのとき、求められているのは、人口増を前提としない幸せのあり方だ。経営者はそれを踏まえた経営の形を求められている。アンナよ、君はまだその答えを知らない。いいか」

黒岩は言った。

「私たち経営者はいま、2050年から見て転換点の一つとなる時代を生きているんだ」

技術のわかる経営者

3ヵ月。

そこからあっという間に3ヵ月が過ぎた。季節は春を迎え、夏の兆しさえ感じられるようになった。アンナにとっても黒岩にとっても、それは楽しい時間だった。アンナは自らの経営者としての弱さと向きあい、黒岩は自分の持っている全ての知恵を彼女に伝えた。

アンナ自身もまた、いまは起業すべきではない、と判断したのだ。

2人が、深い部分で惹かれあっていたかは分からない。

だが、2人はそれ以上にプロであった。

そして3ヵ月後のある日、黒岩が言った。

「私のクライアントで、〝技術のわかる経営者〟を探している人がいる」

「はい」

「君は技術もわかる。そして経営者だ。だから話が早い。売り上げ3桁億円の、少し古い企業だが、事業も悪くない」

突然のオファーだった。つまり、アンナを経営者として雇いたいというオファーがあったのだ。アンナは考えた。

「正直、いまの私にはありがたすぎる話です。ただ」

「ただ?」

「確信がまだないのです。黒岩さん、私はあなたと出会って少しずつ自分を思い出してきました。でもまだ、ちょっとだけ、ほんの少し〝足りないピース〟がある気がしているのです」

黒岩は考えた、「冷静な判断ができている」。彼は続けた。

「そうだな、実はクライアントも一つだけ懸念していることがある」
「なんでしょうか？」
「神咲秀一《かんざきしゅういち》。彼との関係だ」
「え？」

神咲秀一、彼はアンナの後を継いで、CEOになった男だ。国内最高学府を卒業し、海外でMBAを取得。その後、CFOとしてアンナの会社に入社した。だが、2人はやがて衝突する。結果、アンナは彼に経営権を渡すことになった。

アンナがかつて最も信頼し、いま、最も信頼できない男。

そう表現するのが的確だった。

黒岩は言う。

「私のクライアントは、リファレンス（裏どり）をとった。するとどうやら神咲氏が、君のことを相当に悪く言っているらしい。その一点を彼らは気にしている」

「神咲……、彼はかつて私の部下であり、仲間でした」

「そうだな、いったいどんな意図があるのか、私にはわからない。ただ、いずれにせよ、君は彼に会った方がいい。君がもう一度、起業するにしても、この話に乗るにしても。時代もそれを求めている」

「時代？」

「経営者の実力がダイレクトに問われる時代だ」

アンナは考えた。そして言った。

「わかりました。私の目で見に行きます」

「つまり、答えは……」

「イエスです。会いに行きます。私が本当に〝経営者の資格を持っているのかどうか〟、それを確かめに行きます」

「そうか」

「……神咲に会いに行きます」

アンナの左手がかすかに震えていた。

東京駅に舞い降りたアンナ

アンナはタクシーに乗り込んだ。

「新御茶ノ水《しんおちゃのみず》までお願いします」

アンナはそう言った。走り出すタクシー。

ここは東京駅。窓から外を見ると、ビルビルビルビル。駅から直結した高層オフィスが数多くある。外堀《そとぼり》通りを通り、7分後。一瞬だった。

電子マネーで支払いを済ませ、彼女は見上げた。

懐かしい、私の居場所だったオフィス。

彼女は退任後、初めて自分が作った会社を訪れていた。あれから、1年弱が経とうとしていた。

株式会社CANNA《カンナ》。エントランスの扉が開く。息を吸い込む。この場所、この土地。私の全てだった場所。

アンナはエレベーターに乗った。アンナは胸に手を当てた。どくどくっ、どくどく。心臓の鼓動を感じた。

神咲とアンナ

「いつも単刀直入。変わりませんね」

アンナの向かいに座る男、彼の名は神咲秀一。

神咲の口角が機械的に上がる。サイコパス、彼のことをそう呼ぶ人間もいた。

「ではまた、起業するのですか」

神咲が聞き、アンナが答える。

「そうだ。だから、なぜ私が失敗したのか、理由を教えてほしい」

「アンナさん、そもそも、なぜ私があなたの後を継いだのか。なぜ、私が次のCEOとして適任だったのか、その理由がわかっていますか？」

「それは、君が優れた経営者だったからだ。論理的で、リーダーシップもある。実績もある、だから私はバトンを渡せた」

「いえ、それは違います」


神咲は続ける。


「私以外にも優秀な人物はいた。論理的で、実績のある取締役なら他にもいました」

「では、どうしてなんだ？」


神咲はゆっくりと答える。

「私だけがあなたを冷静に見られていたからです」

「神咲だけが、私を冷静に見られていた？」

「ええ、他の取締役は実績もあり、社内の人望もあった。ただし、私以外の役員は致命的な弱点を抱えていました。あなただけを見すぎていたのです」

「どういうことだ」

「経営の形は変わりました。あのトヨタですら、社員を囲うことはできません。それを社長自らが宣言した。つまり、社員は客観的に市場を見るようになっている。しかし、この会社はあなたを見すぎた。あなたをあたかも芸能人のように、そして、神のように、讃えてしまった」


「いや、しかし、私はそれを求めたことなどなかった。だからこそ、神咲、君を経営メンバーに迎え入れた。違うか」

「たしかに。あなたから最初に声をかけられたとき、約束しました。〝あなたを決して崇拝しない〟と。しかし、これはもうこびりついたＤＮＡだったのですよ」

「ＤＮＡ？」

「日本で生まれ育った人間がいきなり、アメリカ人にはなれない。ＤＮＡで決められているかのように、彼らはあなたが生み出した会社を崇拝し、『一生この会社にい続けること』を決めてしまった。たとえるなら、自立させるチャンスを十分に与えず、子どもを甘やかしてしまった溺愛の親子」

神咲は不気味に微笑んだ。そしてアンナの方を見た。

「そういえば、一つお伝えし忘れていたことがありました」

「何だ？」

「我々は、社名も変えることを決議しました」

アンナの血圧が一瞬上がった。

「1年後の予定です」

覚悟はしていた。でも、言葉で言われるとやはり衝撃はある。

株式会社CANNA――その名前は当然、アンナの名前から来ている。「松下電器」が、社名を変えたように、どこかで創業社長の看板を下ろすときが来る。アンナもそれは予感していた。寂しい気持ちがゼロだったと言うと嘘になる。

だが、これは覚悟していた。

さらに神咲は続けた。

「加えて私はこの半年で、従業員の半数を入れ替えるつもりです。大幅に、血を入れ替えます」

「え？」

「つまり、リストラクチュアリングです。すでに、外資系企業を渡り歩いて何社もリストラを経験してきた、日本でも3本の指に入る人事部長もヘッドハントしました。ここから人を減らしていきます」

「神咲！　約束が違う」

「約束？」

「お前は誓った、従業員だけは守ると」

「……何だか、懐かしいな。約束なんてまだ甘っちょろいことを言っている。それに、あなたの怒る顔、悲しむ顔、久しぶりに見た。普段は感情を露わにしないが、内に秘めた赤い情熱。愛を語り、多くを魅了した天才起業家・上納アンナそのもの。しかし、必ず断行します」

「なぜだ。それに、解雇は正当な理由がなければできない」

「その正当な理由があるのですよ。知っていますか」

「何をだ」

「不正ですよ」

「不正？」

「ええ、アンナさんが辞めてから、経費削減のために社内を徹底調査しました。すると、びっくりしましたよ。発注先にリベートを要求する、私的な経費計上の疑いなどがあまりに多すぎた。私的な経費計上で言うと、12部門で30件」

神咲は続ける。

「いや、まぁ、これぐらいでは驚きません。大きな会社で小さな不正が全くゼロの会社、そんなものは世界中どこを探してもない。人間ですから。ですが、問題はそれだけじゃない。まずメンタルダウンの件数が急増していることです」
「メンタルダウン？」
「そうです、私も考えました。あなたから経営権の移譲を打診されたとき、本当に『私が適任なのか？』を考えました。本当に、私が引き継ぐことがベストなのか？　あなたが続投することはできないのか？　だから私は人事を通じて調査を行った。現役の従業員はもちろん、退職者、退職検討者、そして、復職者も含めてヒアリングも実施しました。その中で見つけたのが、この『メンタルダウン』の問題でした」

「具体的にはどういうことだ」

「一つだけ異常に退職者が続く部署がありました。その部署は、不正に数字を作ることが常態化していた。端的に言うなら、働くメンバーは『半分詐欺のサービス』だと知りながら、事業を伸ばさざるを得なかったのです」

「まさか」

「日本最大の電気メーカーをクライアントに持つ事業部A。よくご存知でしょう？　あなたがかつて率いていた部門です。でも、それだけならまだよかった。私は8年目の社員の話を聞いて、驚愕しました。なぜなら、彼はこう言ったんです。〝早く見つけて欲しかった〟と」


神咲が続ける。

「彼は涙を流していました。つまり、不正だということを知りながら、やらざるを得なかったのです。経営者の役割は、まず事業を作ることでしょう。しかし、あなたはそれも失敗した。そして、それ以上に、不幸な犯罪者も生み出した。誰も幸せになっていない、のです。だとしたら」

神咲は経営者の顔でアンナを見た。

「あなたが言う『愛』とは何だったのでしょうか？」

自分が作った会社を去ると決めた日、自分だけが悲しみの底に落ちていく感覚を覚えていた。だが、実際は違ったのだ。

神咲は続ける。

「どうですか。あなたが愛し、そして信じた従業員。しかも、創業期にいたメンバーが、不正を犯していた」

「そんなわけはない」

「いえ、真実なのですよ。皆、表ではあなたを応援した。だが、実は心ではあなたのことを憎んでいたのです。なぜだかわかりますか」

「わからない」

彼の言葉が――脳裏を掠める。

息を飲む。心臓の音がする。

「アンナさん、あなたは才能がありすぎた」

才能……初めて会った日、黒岩は、こう言った。エジソンは分断を生む、と。

目の前の神咲が続ける。

「皆がアンナさんを見ていて、あなたに認めて欲しかった。あなたの才能に惚れ、あなたのために働いていた。それに熱狂していた。だが、あなたはそれにたった一粒も応えなかった」

「そんなことはない……、私は誰よりも従業員を愛していた」

「あなたの愛は、概念としての愛なのですよ。普通の人にはそれが理解できない。なぜだかわかりますか？　普通の人が求めるのは、たとえるなら、ベクトル。そう、わかりやすすぎるほどわかりやすいベクトルなのです」

「ベクトル……」

「つまり、私はあなたを見ている。あなたのことだけを考えている。その時間なんです。そして愛を求めるか弱い人間たちは、母親からの愛がないと気付き始めた結果、甘えにかわった。憎しみにかわった。あなたは私によって裏切られたのではない、あ、あ、あなた自身の、愛い、い、い、い、い、い、の形によって裏切られたのです」

経営者になった理由

その日、アンナは考えていた。

私は何のために経営者になったのだろうか？

振り返る道にはいつも仲間がいた。自分を信じ、自分の言葉を信じてくれた。そんな仲間を守るために命をかけて作った事業を神咲に渡した。

でも、それは私の大きな勘違いだったのだろうか？
私は新たな分断を生み出しただけだったのだろうか。

頭が。痛い。
まるでハンマーでなぐられたような気分だ。

人々の主観を、いかに変革させるか。

振り返ってみると、それだけを求めてきたのかもしれない。それが人の喜びに直結すると信じていたからだ。だが、もっと近くの、より大事な仲間を傷つけてしまった。だとしたら、私のその主観とは、誰かの犠牲のもとに得た価値だったのだ。大事な仲間が心を痛めて血を流した結果として生まれた、世の中を驚かすようなサービス。

それに果たしてどれだけの価値があったのだろうか。

昔の自分は、起業家になるなんて夢にも思っていなかった。

でも、きっかけは突然訪れた。中学の頃、両親の離婚を機に、日本の教育から離れることになった。

海外に行った。コンプレックスだった見た目も、マイノリティであることも、次第に忘れることができた。なぜなら、それぐらい研究が楽しかったからだ。

そして自由な表現の技術を得た。人生で初めての出会いだった。昔、大学の授業で音楽の主観的な価値について論じたレポートを書いた。

優れた音楽は、聞き手をたちまち主人公にする。どんな景色も、そこにある自分を装飾してくれるものになる、だから私は音楽が好きなのだと気付いた。そのときから、利き手を左利きに戻した。利き手を戻す努力は、本来の自分を取り戻すために、必要な儀式だった。

机の上には、経済誌が置かれている。
そこにはセンセーショナルな見出しが並んでいた。

――株式会社ＣＡＮＮＡ。企業再生へ、社名変更と×××名の大規模なリストラへ――

本文には「経営の失敗」という文字が書かれている。

私は何のために起業したのだろうか？
私はきっと無力だ。
あのときの、自分と、何も変わらない。

アンナは空を見た。

「絶望しか見えないよ」

視線を落とす。ほとんど何もない部屋には、写真がポツリ。海外の卒業式の写真だろうか。昔のアンナ。無邪気に笑っている。

あのときの私はもう、いない。

遠くを見る。そして胸に手を当てる。心は言う。私はただ、〃あなた〃に会いたかったのだと。会ってみたかったのだと。それ以上でもそれ以下でもない。ただ会えたということが大事だった。だけど、いま、私にはその価値がない。

私はずっと考えていた。死を間近にしたとき、私の物語の中に出てくる重要な登場人物は誰がいるのだろうか、と。

人は心の中に生きることができる。ただ、私は本当の意味で誰かを自分の心の中に、置いたことがなかったのだと思う。たとえるならそれは、空っぽのオモチャの部屋の中に、人が入っては消え、入っては消えを繰り返していた。もちろん、その時々に大事な人はいた。でも家族ですら、私のその部屋の中に定住することはなかった。

だって、それは自分とは全く違う生き物で、たとえるなら全く違う種目のスポーツをしているからだった。だから私はいつも自分の部屋から出て、誰かの部屋に入り、その人のために生きてきた。

ただ、運命の仕事と出会った日からそれが変わった。

初めて、人生で一生忘れないだろう瞬間を見つけた。その、つもりだった。

確かに人間を愛していた。だけど、それは概念としての愛だった。なぜなら人間というものを理解するための方法を知らずに生きてきてしまったから。それが私の真の弱さであり、強さの源泉でもあった。

左手を見つめる。

でも、いまは、何もない。

この手でつかんだと思ったものは、何も残らなかった。

アンナはその日、黒岩に電話を入れた。契約を止め、しばらく一人になりたい、という旨だった。黒岩は静かに受話器を置いた。

白石とアンナの再会

――Xヵ月後――

「大げさだな」

白石が笑った。アンナはマフラーを取った。

「医者はただの風邪だと言っている」


赤色のマフラーをテーブルに静かに置くアンナ。どことなしか元気はない。

ここは病院の一室。ベッドの上には白石がいる。

白石が言う。


「黒岩とは会っているのか……？」

「実は会っていないのです」

「なぜだ？」

「私は彼を失望させてしまったようです」

「……失望？」

「ええ、起業家として彼の期待に添えなかった。彼はハッキリ言いました、〝君には失望したよ〟と」

白石は、驚いた顔を見せた。

「あはは」
「え？」

アンナは一瞬、目を疑った。白石が笑っている。

「それは君を認めたということだ」
「認めた？」
「失望は期待の裏返し。あいつは人に対して全く、何一つとして、期待していない。しかし、君には唯一心を許した。だから、失望したんだ」

アンナは不思議な気分だった。白石が続ける。

「私は黒岩に言った。彼には君が必要なんだと」

「彼に、私が必要?」

思い出す。初めて会ったときのこと。白石の顔を見つめた。

「アンナ、『死ぬ瞬間』は読んだか?」

白石はそう言い、本棚の方をさした。

本棚には、何冊かの本が並んでいる。その中の一冊には、『死ぬ瞬間』エリザベス・キューブラー=ロス著と書かれている。

「いえ、読んだことがありません」

「そうか。いいか? 仲間には2種類ある。一つは、一緒にいて楽しい、時を忘れさせてくれる存在だ。これも大事だ。でも、奴に必要なのは、もう一つの仲間。それは、お互いのやるべき、使命を思い出させてくれる友なんだよ。前者は時を忘れさせ、後者は生きる時を思い出させる。全く反対なんだ。もちろん、多くの人にはそれはいらない。でも、奴はそれをずっと求めているんだ」

「仲間、ですか」

「その本は、あげるよ、君に。人生で一度は読んだ方がいい」

アンナは本を手に取る。死ぬ瞬間。帯には不朽の名作と書かれている。

白石は続ける。

「アンナ、さっきはああ言ったが、私は実はもう長くない」

「え」

「死ぬんだよ」

冗談だろうか？　アンナは何を言えばいいのか、わからなかった。

「こういうとき普通は〝後悔していない〟と言うだろう？」

「違うのですか」

「正直後悔はある。私は。たしかに、私はもう十分すぎるぐらい生きた。そして愛した妻もいなくなった。でも、後悔はしている。なぜ、その本を渡したか。それはな、人は皆、偉大な物語の中に生きているからだ」

「偉大な物語の中？」

「そうだ、人は皆、偉大な物語の中に生きている。それは、人類史という意味でもそうだし、1年を1ページとすると、100ページの自分史としてもそうだ。そして、その一ページ一ページは、死ぬ瞬間に振り返ったとき、何によって忙しかったか？　で決まる。ある人は言う。子どものせいで、自分の人生を生きられなかった、と。だが、同じようにある人はこう言う、私は子どもへの愛のために生きたと。そして、最も大事な本のタイトルは、死ぬ瞬間に決まる」

「死ぬ瞬間？」

「死ぬ瞬間に、人生の100ページをどう解釈するか、自分の人生に合うタイトルを一つだけ選ぶんだ。どんなに多くのラベルを持っていても、一つしか選べない。そして正直に言えば、私の人生は〝戦略的敗北〟だった」

「〝戦略的敗北〟?」

「そうだ」

「あなたは全てを手にした」

「いや、違う。私は幸せになるために、敗北をあえて選んだのだ。それは戦略的だった。自分のことをよく理解していたからだ。私にはチャンスがあった。類い稀なる才能を持つ男と、ともに働く機会が。にもかかわらず、それを自ら手放してしまった。でもそれは必要だった」

「…………」

「なぜなら、私には器がなかったからだ。人には器の大きさがある。その大きさは人それぞれだ。生まれ持ったものが大きい人もいる。小さい人もいる。そして私にはその器が与えられなかった。だから、両手で持てる分以外は捨てる必要があった。一つは妻。もう一つは自分。その2つで両手がいっぱいいっぱいだった。しかし、君は違う。愛を入れる器を持っている、両手の中に」

アンナは自分の手を見た。だけど、この手で、何も守れなかった。

「ですが、私にはもうその勇気がありません」
「あぁ」

白石は外を見た。

窓の向こうには、雪が吹雪いている。

「アンナ、君の人生はいま、厳しい冬だろう」
「はい」
「冬は辛いし、そのトンネルは永久に続くように感じる。だが、人生は春夏秋冬。必ず春は来る。ただ、そのとき、その瞬間、トンネルの向こうにある春を信じられるかどうかは、そばにいてくれる仲間、運命をわかちあえる仲間がいるかで決まる。君の人生はまだ、終わりのフェーズに入ってなどいない」

白石はアンナに向かって言う。

「これまでだってそうだった、違うか？」

アンナは下を向く。白石は言う。

「かつて黒岩は私にそれを求めた。同じように、君も彼を求めていたのだ。それがなぜ必要か、本当はわかっているはずだ。心は答えを知っているはずだ。アンナ、弱さを見せなさい、素直になりなさい」

白石は静かに目を閉じ、「少し休むよ」と言った。

アンナは静かに、病室の外に出た。廊下がまっすぐ先に続いている。

何も音はしない、不思議な静けさ。アンナは病院を後にした。

数時間後の新幹線の中。
アンナは窓の外を眺めていた。
景色が流れていく。

さっきまで雪国だった世界は、まるでそれが嘘かのように、少しずつ春に近づいていった。冬は厳しい。冬は必ず訪れる。だが、その厳しい冬を、これまで何度も乗り越えてきた。それが経営のリアルだった。そのはずだった。

ぐっ。左手に力が入る。

都心の夕暮れ

都心。夕暮れ。日が沈もうとしていた。高級車が一台停まっている。

男が車に乗り込もうとしている。

「黒岩さん」

振り返る。アンナがそこに立っている。息があがっている。

「君か」

黒岩は車に乗り込もうとする。

「黒岩さん、話があります」
「君はもう私のクライアントではないはずだが」
「単刀直入に言います」
「？」
「私と、一緒に働いてください」

ドアを開けようとする黒岩の手が止まる。

「は……？　その話なら一度断ったはずだ」

アンナは呼吸を整えている。黒岩は怪訝な顔で問う。

「それとも〝技術のわかる経営者〟の件か？」

「いえ、違います。私は起業します。もう一度。いえ、何度でも。理想の世界を作るまで。だけど、一人じゃない。あなたと一緒に作りたいのです」

「君は……また私を口説いているのか？」

アンナは頷く。そして言う。

「スティーブ・ジョブズは、ジョン・スカリーを口説いたとき、『残りの一生を砂糖水を売って過ごしたいですか、それとも世界を変えるチャンスを手にしたいですか』と言いました」

黒岩がかすかに笑った。俺も同じだと言うのか？


「だが、彼はその後、経営権を奪われた」

「そうです」

「だったらダメじゃないか」

「違います。なぜなら、あのときのジョブズは〝死の季節の果実〟を知らなかったからです」

「〝死の季節の果実〟？」

「それは、弱さ。彼は死の季節をくぐり、それを知ります。病によってです。そして、それでもなお、こう言いました。


ハングリーであれ、愚か者であれ。

私はまだハングリーなのです。愚か者なのです。だからこそ、あなたの力が必要なのです」

ニヤリ。黒岩の口角が上がる。ここでジョブズの言葉を出すとは、面白い人間だ。そして、経営者の役割、それは、何度でも必要な人物を口説き落とすことだ。

アンナを見る。アンナは言う。

「つまり、経営者は2回生まれるのです。1度は強さだけを知って。2度は弱さも知って。かつて、黒岩さんは言いました。偉大なリーダーと、良いリーダーの違いは何か、と」

アンナが言う。

「いまならわかります。〝死の季節の果実〟、それを知っているかどうかです」
「死。それがリーダーを強くするのか？」
「〝弱さ〟、それは人間を知ることそのものに他ならないからです」

アンナが続ける。

「私にとってこの一年がまさにそうでした。死の季節でした。ですが、そこから得た果実はとてつもなく大きい。たとえるなら、いまの私は2回目のジョブズなのです」

黒岩はアンナの目を見る。〝2回目のジョブズ〟？　彼女の目には〝覚悟〟が再び火を灯している。

それは決して、〝弱さ〟ではなかった。むしろ、真の強さだったのだろう。

黒岩はかつて、アンナに言ったことがあった。世界のリーダーがいま、最も注目するテーマの一つは、「リーダーが弱さを見せることの重要性」だと。資本主義の世界で成功する人間が、心身を壊す前に、それをケアすることの重要性が注目されている。偽りの強さはバレる時代になった。時代は変わりつつある。そのことを黒岩も理解していた。

黒岩は問うた。

「では、単刀直入に聞こうか」

「いいですよ」

「君は私に何を約束してくれるのだ？」

「あなた一人では到底たどり着けない世界を、私となら見ることができる」

アンナが答える。

「そして、〝世界の凱旋門〟を作るのです」

黒岩が笑った。相変わらず、だ。そして言った。

「君は変わっているな」

黒岩、使命を思い出す

黒岩はオフィスに一人座っている。
目の前に冷めたコーヒーが置かれている。
真っ黒い液体は、コーラのようにも見える。

砂糖水を売る、か……。

新しいものを作ることは価値のあることだ。だが……。

「黒岩さん」「黒岩さん」「黒岩さん」

思い出すのはこれまで救ってきた数多の経営者たちだ。

プルルルル。プルルルル。また電話だ。

いまこの瞬間、困っている経営者がこの世界に何百、何千もいる。彼らは救いを求めている。孤独の中、突き進むためのパートナーを求めている。

「黒岩さん、助けてほしい」

「相談したいことがある」

彼らを見捨て、たった一人の起業家のために働く？

それは私の使命なのか？

黒岩はコーヒーを飲み込んだ。アメリカに旅立つ予定があった。

アメリカ

大きな公園。快晴。何人もの人間が走っている。

1人、2人。3人。いったい、この瞬間で何人の人間が走っているのだろうか?

脈拍が上がる。心臓が動く。足が動いている。その日、黒岩はアメリカに仕事で来た。といっても弾丸だった。セントラルパークには世界中から人が集まる。

朝7時に準備して、10キロ走る。それが黒岩のルーティンだった。無論、それは海外にいても変わりはなかった。

なぜ走るのか。その答えは、年齢によって変わりつつあった。16歳、あのとき、彼が走る理由は明らかに、走り続ける体力を身につけるためだった。それは文字通りの、物理的な意味だった。

18分。ペースで、9・2キロ。毎時間。心拍数113。最大心拍数に対して63％。

じんわりと汗を感じる。足の痛みも、膝の痛みもない。シューズは地面を力強く押し返し、右、左と足を交差させる。

いつもならこのあたりで深い集中に入る。1時間のランニングで2・5回。1度目は15分から18分の間の3分間。それがルーティンだ。1度目の集中に入ろうとしていた。

愛か。そういえば、彼女はそう言っていた。愛？　そんなもの昔は信じなかった。

あるのは、大義。そして約束。若い頃、誓った言葉。昔、ある舞台を見た。たしか、あれは24か、いや、23歳だったか。友人が出ると聞いて私は一人でその舞台を見に行った。

詳細は覚えていない。だが、えらく美しい娘が舞台の上で何かを叫んでいた。暗い舞台、こちらから向こうはよく見える。

愛か、大義か。

若い頃は考えたことがなかった。いや、大義しかなかった。しかし、いまはどうだ？大義とは何なのか。正しさは移りゆくものだ。だとしたら大義とはどこなのか。経済なのか。成長なのか。

それが大義？　ばかばかしい。

風景が流れていく、心拍数はコントロールされている。いい走りだ。悦に入る。

いや、違う。たしかに。そうか、私の走りはたとえるなら客観の走り。客観の走り、いいフレーズだ。しかし、そこから私は主観の世界に入る。いま、なぜなら私はその中で主観を手にする。

右。左。右。左。Ｓｐｏｔｉｆｙから流れてくる音楽が静かに集中を促す。いいリズムだ。ビート。低音がズドンズドンと走っている。なんというアーティストの曲だろうか。

存在しているのか。いや、存在していないのか。愛は。

しかし、それにしてもクソ暑いな。マンハッタンは寒くなかったか。凍えるように。とてつもなく。初めて訪れたニューヨークは、氷点下だった。その印象が強すぎる。

あの年、アメリカは寒かった。大寒波が東海岸に来ていた。だから、アメリカは寒い、その残像がある。だが、今日のこれは、なんだ、暑い。

いや、違う。そう考えている時点で集中が切れた。いまはまだ集中ができていないということだ。時計を見る。4分か。

シンプルなコマンド。シンプルなコマンドだ。

右、左、右、左、シンプルなコマンドを繰り返す。ポニーテールの女が走っている。金髪のそれは、左右に揺れる。男にはわからない、走りづらくないのか、いったい彼女はなぜ、走っているのか。

違う、シンプルなコマンド。シンプルなコマンドだ。

いまはなぜ走るのか。それは、集中力を得るためだ。走ることはシンプルなコマンドだ。そしてシンプルなコマンドは最も簡単に深い集中を導く。だから走る。優れた経営者は皆走る。

なぜ走るのか。

それは年とポジションと共に変わる。28歳のとき、経営の世界に来た。いや、覚悟を決めた。じんわりと汗がシャツに染み付き、大胸筋にくっついてくる。暑い、そのとき、必要な骨と力が変わる。

私は28歳のとき、ランナーとしての進化を経た。経営はスポーツと違う。短距離ランナーから長距離ランナーへの進化を遂げなければならない。人生は短距離走ではなく、違う。長距離なのだ。それ、それを理解した。しかし、それは遅かったのかもしれない。彼女はもっと早く気づいていたのだろう、きっとそうだ。彼女は元からそんなものを考えることもなく、自然に生きていくために自らをブラッシュアップしてきた。

シンプルなコマンドは、複雑な世界から自分を分別させる。そう考えると私は客観の世界に生きすぎたのだろうか、だから、あるときから走ることを必要とし始めたのかもしれない。主観にもぐるために。だが、彼女は違う。彼女は走ることなど必要ではなかったのだ。なぜなら生まれながらにしてその機能を兼ね備えていたから。

しかも十分なほどに。

心拍数が140に上がる。

子どもが、言葉を学ぶときに、そこに意図などない。生きていくために、自然に世界という引き出しから道具を得て、言葉を得ていく。自分に必要なものだけ手にして、それ以外は気にもしない。視界になど入らないのだ。その意味で彼女は私よりはるかに長く生き続けてきた。こうは考えられないか？

そうか。主観とは人生の長さを決めるものなのか。だとしたら、客観とは何なのか。

40歳になる前、私はようやく生きた証を見つけた。観念的な意味でなく、それは客観が世界を捉えたのだ。だからようやく世界に実存する力を得た。たとえるなら、衛星写真だ。そうだ、それだ。衛星写真は世界に対する解像度が高くなければ、自分の主観とは繋がらない。

つまり、そうか、あぁ、そうだったのか。

私は空を見上げた。青い空は美しい。額から気持ちいい、汗が垂れ、右首を通り、地面に落ちた。

そうか。

アンナ、君は、あのときこの道を選ばなかった私なのだ。

心拍数136。
チラっと見る。ウェアラブルを見る。
足に力を入れ、黒岩は一気にラストスパートをかけた。
風が気持ちよく通り抜けた。

「アンナ、私はこれまで何度もクライアントの経営者から一緒に働かないか、と誘われてきた」

アンナが息を止める。わずかな緊張感が伝わる。黒岩が続ける。

2人は向かい合って座っている。

「だが、その実一度も心が揺れたことなどなかった。私はコンサルタントという仕事が天職だと思っているからだ。だが、今回は違った。なぜなら君はこの国の希望だからだ」

「私が希望……？」

「そうだ」

黒岩がアンナを見る。

「これからこの国は経済的には負け続ける時代が来る。人口減少は、経済の勝率を変えるゲームチェンジだ。そして、人生は長く、たった一度の成功で人生は決まらない時代が来る。そんな時代の希望とは何か？　希望とは〝復活〟であり、真に言うならば、挫折を知ってなお前に進む、挑戦者たちなのだ」

「では、答えは？」

アンナの姿勢が前のめりになる。

「いや、答えはノーだ。私はこの国の雇用を守る。これからも、これまでもそうだったように。なぜなら、それは私にしかできない使命だからだ。いいか、世の中は４つの国のバランスでできている」

アンナは４つの世界の話を思い出していた。黒岩が言う。

「私は東を守り、君は西を作る。それはどちらが上か下かではない。役割なのだ。私はこの国の雇用を守り、君はこの国の未来を作る。それが私たちの使命なのだよ。アンナ、君は私で、私は君だ。だから、同じ場所、同じ時に2人はいられない。それが私たちの悲しい運命なのだ」

アンナが言う。

「でも、私はあなたが必要なのです」

黒岩が答える。

「その約束は果たせるのだよ。君が求めているものを私は知っているからだ。

アンナ、君は世のため人のために戦った。だが、それをバカにする人や、邪魔をする人はいるだろう。だが、約束しよう。私は絶対に君を信じると。

残念ながら、私は君と一緒に歩むことはできない。なぜなら私には私の果たすべき使命があるからだ。それは君の使命と決して共存することはできない。我々は常に一人であり、同じ船に乗ることはできないのだ。

しかし、約束しよう。

いつか君が暗闇の森の中でさまよい、疲れ果て、どうしようもなく、どこから抜け出せばいいかわからなくなったときでも、私は真実の言葉を持ち、必ず現れ、君のそばに立ち、知恵を与え、そして勇気を与えるだろう。

これまで戦ってきた歴史を振り返り、君が救ってきた人の数、価値、信じてきたものが決して無駄ではなかったことを、君が歩んできたことには価値があったことを何度でも思い出させるだろう。

その時が来たら、私は必ず君の前に現れる。そしてこう叫ぶだろう。

君が生きてきた道は確かに価値があったのだと」

運命とは残酷なことを起こす。

異なる時代に生まれていればどちらも世界を取れることがある。この時代に生まれ、同じフィールドに生まれたからこそ、出会い、そして共存できること、できないことを生み出したのだ。

黒岩は最後に言った。

「それこそが私の唯一の愛だ」

アンナは彼を見た。悔しさ、それはゼロではなかった。だが、不思議と前向きな気持ちもあった。知っていたのだ。この道を。アンナは言った。

「諦めませんから」

エンディング

数年後。

ＴＶモニターの前に黒岩が立っている。
画面には上納アンナ。インタビュアーが質問する。

「従業員が選ぶ、最も働きがいのある企業。世界で初めての受賞となります。お気持ちはいかがですか？」

アンナが何かを答えている。

そのモニターを眺めている黒岩。すると小さな子どもが寄って来る。

「パパー、誰これ？」

子どもを見て、ニコリと笑う黒岩。初老に入ろうとしていた。

「この人はお父さんのお客さんだった人だよ」
「お客さん？」
「ああ、でもそれ以上に特別な人だ」
「とくべつな人……？　誰なの？」

黒岩はあごひげを触り、空を見た。
彼女は……たとえるなら、そう、

〝愛ある革命家〟だ。

おわりに

「なぜ、この本を書いたのか？」
と問われたら、私はこう答えます。

最も高い壁に向かい挑戦し続ける全てのビジネスパーソンに、応援ソングを届けたかったから、です。

しかも、それを楽しく、物語を通じて理解できる。加えて、読むたびに何かしらの新しい発見があるような作品。読むタイミングや、ライフステージ、年齢、人生経験によって刺さる言葉や、理解できる部分が変わる。そんな作品を作りたい。そうやって生まれたのがこの本です。〝挑戦する人への応援ソング〟だと思って書いています。

〝才能を持つこと〟は時にとてつもない苦痛と責任を伴うことがある。

——そう、私は感じることがあります。最初に感じたのは、映画『スター・ウォーズ』シリーズを初めて見たときでした。たしか、小学生だったでしょうか。私はその頃からこのシリーズが好きなのですが、なぜ好きなのか？　と考えるとそれは、〝才能を持つこと〟と〝使うこと〟は別だという事実を人々に突きつけてくるからだと感じます。

分断を煽ること。

それは最も簡単な才能の使い方だと私は思います。一方で、それは理解できる面もあり、コップに入りきらないような、溢れ出る才能は往々にしてその矛先を求めます。スター・ウォーズの悪役ダース・ベイダーのように人間の心はそこまで強くありませんから、気を抜くと、むしろ自らの正当性を証明する方向に進みます。一方で、その反対側に回ること、この本の主人公たちのように生きることは、たとえるなら、最も高い山を最も難しいルートから登るようなものです。つまり、この本とは、私たちはいま、とてつもなく高い氷山に対峙している。
その過程であなたは、どちらの道を進むのか。

これを突きつけられている、全てのリーダー、全ての愛ある人々へ向けた問いかけを描いた作品だと感じるのです。あなたの周りの大切な方々と所感をシェアしてみていただけるととても嬉しいです。

さて最後に、書籍を出すにあたって、協力を得た多くの方に御礼をお伝えしたいと思います。まずは、編集担当の山中武史氏。とても丁寧で本質的なフィードバックを常にいただき、何よりこの本のコアのテーマを理解してくださいました。次に、普段から多くの仕事で協働し、本作でも貴重な意見をくださった、代泰征氏。加えて、本作を作るキッカケを与えてくださった、滝啓輔氏、藤岡雅氏、橋本歩氏、篠原舞氏、みなさんとの縁がなければこの本の出版はなかったかもしれません。素晴らしい機会を本当にありがとうございました。

そして、いつも背中を押してくれサポートをしてくれている、みなさん。私は最初から応援してくれる人を一番大切にすることを信条にしているのですが、特に最初からずっと変わらぬ応援をしてくれている、長谷川嵩明氏、寺口浩大氏には何度も助けてもらっています。一緒に働けて嬉しいです。他にも個別で名前を挙げるときりがありませんが、一緒に働く機会が多い、押切加奈子さん、若山隼佑さん、林裕人さん、福地真一郎さん、松本篤志さん、井上茉悠さんからも普段より多くの応援とサポートの気持ちを受け取ってきました（他にもたくさんいますが許可を取るのが大変なのでこのぐらいで……！）。また、普段から心のメンターとして多くのアドバイスを頂いている、為末大氏にも深く感謝いたします。本当にありがとうございます！

改めて、これまで支えてくれた家族と、ずっと応援してくださっているすべての方々に特別な感謝を捧げます。今の自分がいるのはみなさんのおかげです。

北野唯我

北野唯我（きたの・ゆいが）

兵庫県出身。神戸大学経営学部卒。就職氷河期に博報堂へ入社し、経営企画局・経理財務局で勤務。その後、ボストンコンサルティンググループを経て、2016年、ワンキャリアに参画。執行役員として事業開発を経験し、現在同社の最高戦略責任者、子会社の代表取締役を兼務。テレビ番組や新聞、ビジネス誌などで「職業人生の設計」「組織戦略」の専門家としてコメントを寄せる。著書に『転職の思考法』『オープネス』（ダイヤモンド社）『天才を殺す凡人』（日本経済新聞出版社）がある。

分《ぶん》断《だん》を生《う》むエジソン

2019年11月28日　第1刷発行

著　者　北《きた》野《の》唯《ゆい》我《が》

発行者　渡瀬昌彦

発行所　株式会社 講談社
〒112-8001
東京都文京区音羽2-12-21
電話　編集 03-5395-3522
　　　販売 03-5395-4415
　　　業務 03-5395-3615

ブックデザイン　小口翔平＋喜來詩織＋岩永香穂（tobufune）
イラスト　三村晴子
印刷所　株式会社新藤慶昌堂
製本所　株式会社国宝社

ISBN978-4-06-518106-5